W0413825

Das Buch
Jeder Mensch besitzt von Geburt an mindestens eine übersinnliche Gabe, die es zu entdecken und zu fördern gilt – zum Nutzen der eigenen Entwicklung, der ganzen Menschheit oder der gesamten Schöpfung. Auf Anfänger wirken übersinnliche Phänomene oft komplex und unüberschaubar, ja, manchmal sogar erschreckend.
Dieses Buch ist ein verlässlicher Begleiter bei den ersten Schritten in eine neue, faszinierende Welt.

Der Autor
Paul Lansley, geboren 1962 in London, ist weltweit als spiritueller Lehrer und geistiger Heiler tätig. Der Autor hält Vorträge und Seminare – vorwiegend in Europa – und ist Gründer und Schöpfer der TriSentient-Healing- und Channeling-Academy.

Von Paul Lansley ist bereits erschienen:
Eine Reise durch die geistige Welt – Band 1,
Die Hierarchie der Engel und Meister,
ISBN 978-3-8334-2535-6

Paul Lansley

55 kleine Schritte zum großen Glück

Rituale und Übungen zum Entdecken und Fördern

übersinnlicher Fähigkeiten

Impressum

3. Auflage
© Paul Lansley, 2009
Alle Rechte vorbehalten

Illustrationen und Umschlaggestaltung: Paul und Ilse Lansley
Redaktionelle Bearbeitung und Layout: Kerstin Ronsiek
Herstellung und Verlag: Books on Demand GmbH, Norderstedt
ISBN: 978-3-8391-0530-6

Das Werk ist urheberrechtlich geschützt.
Sämtliche auch auszugsweise Verwertungen bleiben vorbehalten.

Weitere Informationen über den Autor und seine Arbeit im Internet unter:
www.BlueRoseSpirit.com
Info@BlueRoseSpirit.com

Jenen gewidmet,

die den Traum teilen,

Licht und Information

in die Welt zu tragen.

Inhalt

Danke,

dem BlueRoseSpirit-Team

sowie

dem TriSentient-Team,

meiner Familie,

meiner geliebten Tante Dot,

und meinen Freunden,

ganz besonders Alex

Liebe Leserin, lieber Leser,

die magische Welt der Spiritualität kann für Anfänger mitunter überwältigend, unüberschaubar und sogar beängstigend sein. Deshalb habe ich kleine Rituale und Übungen entwickelt, die zum Ausprobieren anregen und die man bei einer Tasse Kaffee oder Tee mit guten Freunden, der Familie oder im Kollegenkreis ausprobieren kann – egal, ob die Teilnehmer nun spirituell interessiert sind oder nicht.

Die Ideen, die in diesem Buch beschrieben werden, habe ich in den vergangenen Jahrzehnten an die unterschiedlichsten Menschen weitergegeben, um ihnen die ersten Schritte ihrer übersinnlichen Erfahrung durch Freude und Begeisterung zu erleichtern.

Es ist wichtig zu wissen, dass jeder Mensch spirituelle Fähigkeiten hat – die unterschiedlich entwickelt sind – ganz unabhängig davon, ob man an die Wunder des Universums glaubt oder keiner bestimmten Religion angehört. Wir haben alle von Geburt an eine natürliche Gabe, eine besondere Intuition, einen sechsten Sinn, Telepathie, Hellsichtigkeit, Hellhörigkeit oder Hellfühligkeit, Vorausahnungen, Psychokinese und vieles mehr. Diese Eigenschaften können wir zu unserem Vorteil nutzen und fördern.

Hier sind ein paar Beispiele, um zu prüfen, ob man diese Fähigkeiten bereits angewendet hat oder noch nicht:

1. *Hast du schon einmal ganz versunken an einen guten Freund gedacht, den du lange nicht gesehen oder gesprochen hast, und plötzlich klingelt das Telefon oder die Türglocke und zu deiner Überraschung ist es der besagte Freund?*
2. *Hast du jemals eine unmittelbare Abneigung gegen eine Person empfunden, die dir gerade erst vorgestellt wurde? Und du konntest dir nicht erklären warum?*

3. *Hast du schon mal eine Farbe um einen Menschen herum wahrgenommen, eine Art Hitzestrahlung, durchsichtige oder weißgräuliche Energie? Hast du aus den Augenwinkeln Lichtblitze oder kleine, farbige Lichtkugeln gesehen, die sich bewegen oder schweben?*
4. *Hattest du jemals einen imaginären Freund oder sprichst du weiterhin mit einem geliebten Menschen, obwohl dieser mittlerweile verstorben ist?*
5. *Hattest du jemals spät nachts auf dem Heimweg das Gefühl, besser einen anderen Weg zu wählen?*
6. *Bist du schon mal mit einem Freund eine Straße entlang gegangen, und ihr habt beide im selben Augenblick angefangen, eine bestimmte Melodie zu singen oder zu pfeifen?*
7. *Hast du jemals den angefangenen Satz eines anderen für diesen beendet?*
8. *Hattest du schon einmal das Gefühl, irgendetwas sei nicht in Ordnung mit deinen Kindern, deinen Verwandten oder Freunden, um dann später zu erfahren, dass dieses wirklich so war?*
9. *Hast du jemals vorhergesagt, wer dich gleich anrufen wird, oder wer am anderen Ende ist, wenn es gerade läutet?*

Wenn dich die Antworten auf diese Fragen interessieren, so *schlage ab Seite 140 nach.*

Das Leben ist voll von diesen Phänomenen; die meisten Menschen sehen sie jedoch lediglich als einen Zufall an. Diejenigen jedoch, die diese inneren Gaben perfektioniert haben, sehen sie als (zeitliche) Übereinstimmung, göttliche Fügung oder einfach als die Anwendung der eigenen übersinnlichen Fähigkeiten. In diesem Sinne hoffe ich, dass die nachfolgenden Übungen dich begeistern und dir zu neuen Erkenntnissen und Wachstum verhelfen werden.

Paul Lansley

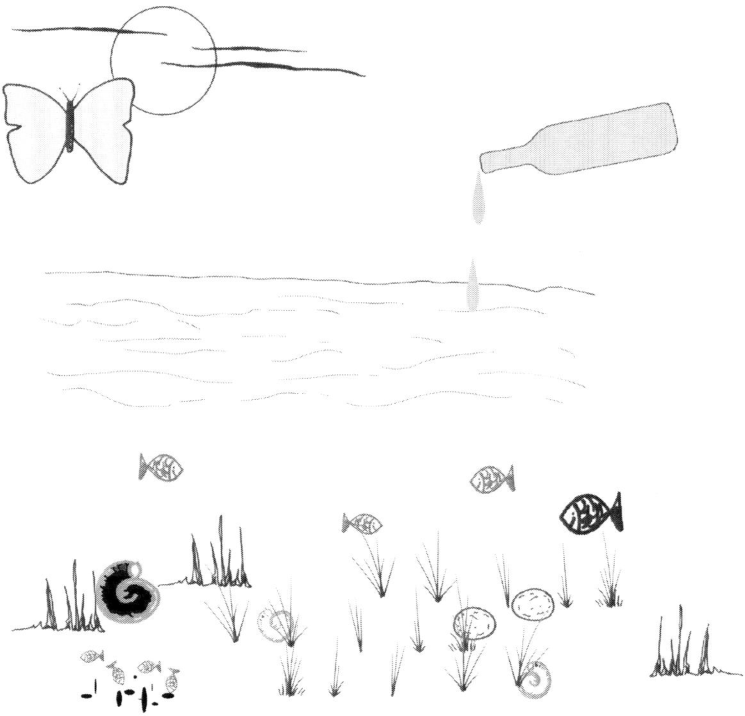

1. Kapitel

Trinke das Wasser des Lebens

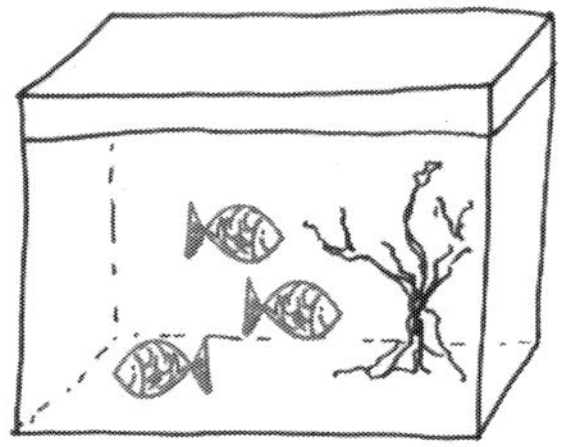

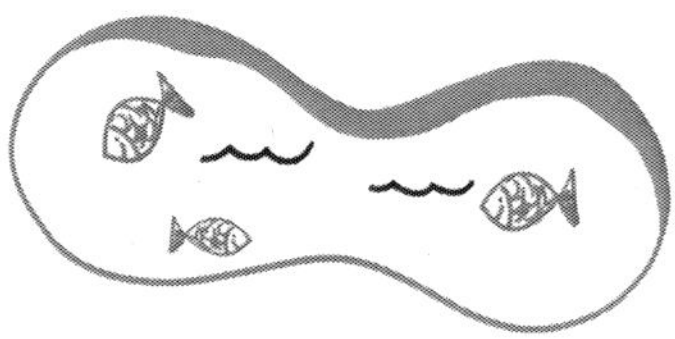

1 Affirmiere Wasser – übertrage einen Wunsch

Die Wissenschaft ist eine relativ neue Entwicklung in der Menschheitsgeschichte und Wissenschaftler bemühen sich, die Existenz des Lebens durch Fakten zu belegen und zu beweisen. Das Leben ist allgegenwärtig und nicht auf mathematische Formeln zu reduzieren, es kann den Gesetzen von Zeit und Raum widersprechen – und tut dieses oft genug. Wissenschaftler haben erst kürzlich entdeckt, dass Wasser eine „lebendige Lebensform" ist und ein Bewusstsein hat, mit dem wir kommunizieren können.
Geistige Heiler nutzten dieses Wissen bereits seit Jahrhunderten; es war überliefertes Gemeingut aus jenen Zeiten als die Vorfahren noch eins waren mit den fünf Elementen: Erde, Luft, Feuer, Wasser und Geist. Mit Erleichterung sehen die spirituellen Menschen jetzt, dass die Wissenschaft beginnt, ihre Ansichten zu teilen.

Nun könnte es für die Menschheit an der Zeit sein, in völliger Harmonie zusammen zu arbeiten mit fühlendem Herzen und wachem Verstand, ein jeder auf seinem Spezialgebiet, die Meinung des anderen respektierend – egal, wie abwegig oder ausgefallen sie auch erscheinen mag.

1. Ob es sich um einen Teich, ein Aquarium oder ganz normales Trinkwasser handelt, ist nicht von Belang. Man kann dem Wasser eine Affirmation geben, also einen Wunsch übertragen, z.B. „Bitte reichere das Teichwasser mit Harmonie an und reinige es von jeder Verschmutzung, die den Fischen schaden könnte."
2. Denke stets daran, dass es deine aufrichtige Absicht ist, die die Kommunikation mit dem Wasser ermöglicht, sei es durch deine Gedanken oder durch gesprochene Worte.
3. Ich selbst fülle eine Flasche Wasser in ein Gefäß und halte dieses einige Minuten in meinen Händen. Dabei konzentriere ich mich darauf, das Wasser möge den Teich und die Fische von gefährlichen Krankheiten reinigen. Langsam gieße ich dann das Wasser in den Teich, über die ganze Länge des Gewässers verteilt. Meine Fische sind sehr lebendig und waren noch niemals krank.

Um die Affirmation zu verstärken, kann man zusätzlich noch ein Symbol über das Wasser zeichnen. Hierzu können sämtliche Symbole aus dem Buch „Eine Reise durch die geistige Welt – Band 1: Die Hierarchie der Engel und Meister" verwendet werden.

2 *Aus bunten Bechern trinken*

Dieses ist eine wunderbare Übung, die du allein oder zusammen mit Freunden machen kannst. Unerwartetes und Überraschendes wird geschehen, du musst nur alles so machen, wie unten beschrieben. Das Geheimnis des Erfolges liegt in den magischen Eigenschaften der Farben, die von unglaublicher Wichtigkeit sind in unserem täglichen Leben. Versuche dir die Welt zum Beispiel ohne die Farbe Grün vorzustellen. Leben wie wir es kennen, mit Pflanzen, Blättern und Gras gäbe es nicht – was für eine schreckliche Vorstellung!

Farbe ist ein „lebendiges Bewusstsein", das in seiner ewigen Energie zahllose Informationen enthält. Dieses lebendige Wesen war bei der Geburt der Menschheit vor Jahrmillionen dabei und kann unser Bewusstsein anregen, das Leben so zu verstehen, wie es ursprünglich beabsichtigt war: Eine Welt ohne wirklichen Anfang, ohne wirkliches Ende, in ständiger Bewegung, mal nach oben, mal nach unten, aber immer nach vorne – hin zu einem Ort, den wir schließlich Zuhause nennen werden, geistige Welt, Himmel, Königreich oder Haus Gottes.

Lebendiges Wesen – bei der Geburt der Menschheit zugegen

1. Für diese Übung brauchst du mehrere Trinkgefäße (Becher, Tassen o.ä.) in unterschiedlichen Farben, aber derselben Größe und Form. Fülle sie mit Wasser.
2. Stimuliere die Tassen nacheinander mit der Kraft deiner Absicht, indem du deine Hand über das Gefäß hältst und dir vorstellst, wie Energie aus der Handinnenfläche strömt und die Farbe aktiviert, so dass sie sich ausdehnt.
3. Die Übung dauert einige Minuten pro Tasse.
4. Lasse nun die Tassen ein paar Minuten lang stehen, damit die Energie das Wasser beeinflussen kann. Dann probiere das Wasser.
5. Wenn du alles richtig gemacht hast, schmeckt das Wasser in den verschiedenfarbigen Tassen sehr unterschiedlich. Das vermittelt dir einen Eindruck von den magischen Eigenschaften der Farben.

3

Fröhliche Arie für eine Tasse

Statt dem Wasser eine gesprochene Affirmation zu geben, kannst du auch fröhlich singen, dieses wird das Wasser noch mehr bereichern. Je mehr du aus dem Herzen singst, umso stärker werden sich die Wassermoleküle aufladen. Das kann zu ganz erstaunlichen Ergebnissen führen – in der Familie, bei Freunden, Haustieren und sogar bei Pflanzen.

Das positiv angeregte Wasser verhilft zu einer gesünderen Lebenseinstellung und einer stärkeren Verbindung zwischen den Beteiligten. Das Ziel dieser Übung ist, die Energie des Wassers in einer Tasse (oder einem Becher) durch Singen zu stimulieren und sich dabei vorzustellen wie die oben erwähnten Personen tanzen, lachen, sich entwickeln usw.

Anschließend trinkt die Person oder das Tier das energetisierte Wasser bzw. die Pflanze wird damit gegossen, die Energie durchläuft den Organismus bis in die Zellstruktur. Hat sich die Information wie ein „positiver Virus" im System ausgebreitet, so wird sie zu einer positiven Reaktion im gesamten Wesen und Bewusstsein führen.

Kleinkinder entwickeln umfassendes Glücksgefühl

Eltern können für ihre kleinen Kinder singen und die liebevollen Absichten auf das Wasser übertragen. Dies wird nicht nur die Affirmation verankern, sondern auch die Kombination der ätherischen Energien der beiden Elternteile. Es wird dem Kind helfen, eine stärkere Verbindung zu den Eltern aufzubauen, schneller zu lernen, größeres Selbstbewusstsein sowie ein umfassenderes Glücksgefühl zu entwickeln.

1. Fülle eine Tasse, die dir gefällt, mit Wasser.
2. Wähle dein Thema und suche in deinem Inneren nach der passenden Melodie oder einem Lied beispielsweise über Liebe, Schutz, Wachstum oder Stärke.
3. Halte die Tasse in deinen Händen, richte deine Absichten darauf und singe.
4. Je nach Stärke deiner Intention kann der Gesang von einer bis zu zehn Minuten dauern.

4 *Wasser, Wasser, Wasser. . .*

Man sagt, dass ein Mensch ohne Nahrung drei Monate überleben kann, aber ohne Wasser nicht einmal drei Tage. Die Wissenschaft überwindet gerade die Grenzen des Unbekannten und erkennt, alle Dinge haben ihre Bedeutung, auch wenn sie nicht immer versteht, warum das so ist. Wasser ist ein „lebendiges Bewusstsein", welches die Prüfungen der Zeit überstanden hat, auf das Engste verwoben mit all den Wundern des Lebens und der Schöpfung über Millionen von Jahren hinweg. In der winzigen Hülle eines Tropfens ist die komplette Wissensdatenbank der Erdschöpfung enthalten – so, wie es war, wie es ist und wie es sein wird.

Wasser ist ein lebendes Wesen, es kann programmiert werden, unsere innere Grundsubstanz zu heilen. Das Wasser kommuniziert mit unseren lebendigen Körperzellen und nährt sie mit einer Milliarde verschiedener Erinnerungen an frühere Lebensformen und daran, wie das Leben verbunden war mit allem anderen in völliger Harmonie. Es kann diesen Samen tief in uns säen, um eines Tages die Hoffnung in uns zu erwecken, keine Angst und keine Zweifel mehr zu haben, sondern frei zu leben und zu wissen, dass alle Dinge eins sind – vereint in ihrem Bemühen, das Leben so zu verstehen, wie wir es kennen. Diejenigen, die mit der spirituellen Welt arbeiten, unterliegen nicht der üblichen Zeit und dem gewöhnlichen Raum. Unser normales Leben besteht aus einem 24-Stunden-Tag, einer Sieben-Tage-Woche. Spirituelle Menschen arbeiten mit anderen Welten und Dimensionen, die keine tatsächliche Zeit, sondern nur den Raum kennen. Aus diesem Grund verdampft Flüssigkeit viel schneller als sonst und spirituell Arbeitende benötigen mehr Wasser.

1. Üblicherweise wird von Fachleuten empfohlen, zwei Liter pro Tag zu trinken. Menschen aus der spirituellen Szene empfinden es als nützlich, mindestens drei Liter pro Tag zu trinken.
2. Wenn du Kaffee, Tee, Wein oder gelegentlich ein Bier trinkst, musst du darüber hinaus immer noch die empfohlene Menge Wasser trinken.
3. Wer es zunächst als schwierig empfindet, so viel Wasser zu trinken, kann die erforderliche Menge auf zwei Liter reduzieren und zusätzlich einen polierten Bergkristall in das Wasser legen, dessen Hauptaufgabe ist das Verstärken und Vergrößern. Denke stets daran, jeden Kristall zu reinigen, bevor du ihn benutzt. (siehe Glossar: Kristallreinigung)

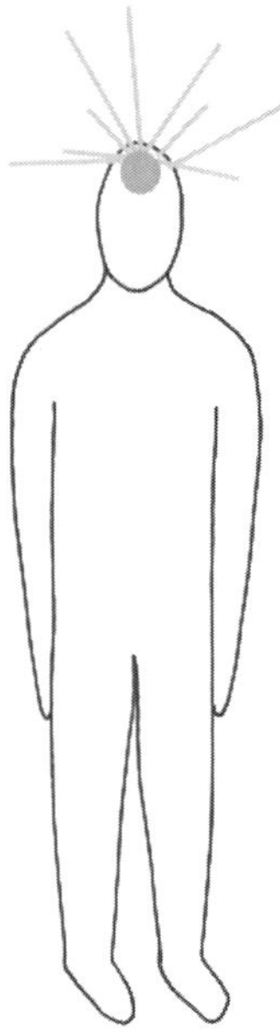

5 *Wenn der Kopf zerspringt*

Hier ist eine wunderbare Technik, um jenen zu helfen, die allgemein unter Kopfschmerzen leiden oder die eine umgehende Schmerzlinderung benötigen. Diese Übung beseitigt den lästigen Kopfschmerz und bringt die Polarität des Körpers wieder ins Gleichgewicht und in Harmonie.

Falls du jedoch regelmäßig Kopfschmerzattacken hast, so gehe bitte zu deinem Hausarzt oder in einigen Fällen auch zu einem Augenarzt, weil eine Überanstrengung der Augen ebenfalls Kopfschmerzen auslösen kann.

Darüber hinaus ist wichtig anzumerken, dass das Gehirn ständig von Flüssigkeit umgeben ist. Wenn der Körper nun nicht ausreichend mit Wasser versorgt wird, trocknet er aus und die Flüssigkeitsmenge rund um das Gehirn wird verringert. Daraus entstehen leichte – manchmal auch starke – Kopfschmerzen; versuche darum täglich mindestens zwei Liter frisches Wasser zu trinken.

Nur ein paar Minuten intensiver Konzentration besiegen den Schmerz

1. Schließe deine Augen und atme ein paar Mal tief durch, um ruhig zu werden.
2. Lege eine Hand auf deine Stirn und die andere auf den Hinterkopf.
3. Visualisiere die Energie, die aus beiden Händen kommt, und das Gehirn durchdringt – und damit den Schmerz beseitigt.
4. Diese Übung erfordert nur wenige Minuten intensiver Konzentration, um erfolgreich zu wirken.

Die Austrocknung des Körpers ist eine häufige Ursache für Kopfschmerzen, überprüfe deshalb bitte, ob du genügend im Laufe des Tages getrunken hast.

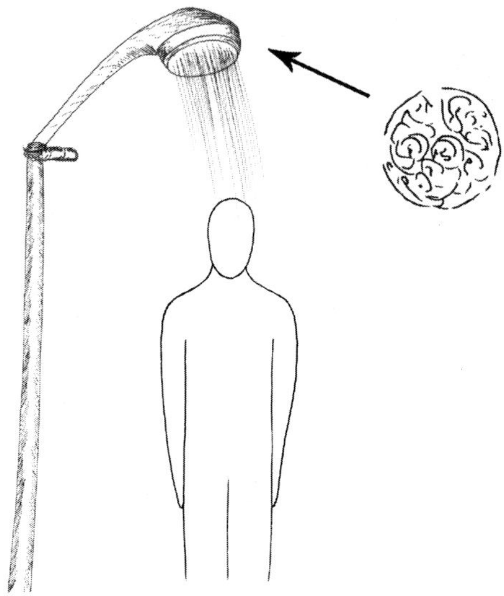

6
Die erfrischende Dusche

Dieses spezielle Duschbad reinigt die feinstofflichen Schichten der Aura und der Körper fühlt sich erfrischt und voller Lebenskraft, besonders wichtig ist das für all diejenigen, die regelmäßig im spirituellen Bereich arbeiten.

Wo große Menschenmassen sind, findet ein unermesslicher Austausch von Energie zwischen allen Anwesenden statt – und der ist nicht nur positiv. Es ist unmöglich, eine Straße voller Menschen entlang zu gehen, ohne dass Energierückstände an der Aura haften. Obwohl das nicht gefährlich ist, kann es sich – nach einiger Zeit – anhäufen, wie eine Hülle aus verschmutzter Energie, und du fühlst dich erschöpft. Ein guter Vergleich ist das Bedürfnis, ein Bad oder eine Dusche zu nehmen, um den Körper von unerwünschtem Schmutz oder Gerüchen zu befreien.

Bewusstsein des Wassers reinigt das Energiefeld – Körper ist wieder voller Lebenskraft

1. Stelle dir bildlich vor, wie du zwischen deinen hohlen Händen eine Energiekugel mit langsam drehenden und klopfenden Bewegungen erschaffst, als ob du einen Ball aus Knetmasse formst.
2. Wenn du möchtest, kannst du dieser Kugel eine Farbe geben, z.B. Rot für Stärke, Orange für Stabilität, Gelb für Klarheit, Grün für Liebe, Blau für Heilung, Violett für tief gehende Reinigung, Rosa für Harmonie, Weiß für Gesundheit und Schwarz für Selbstprüfung.
3. Umhülle nun deinen Duschkopf mit dieser Lichtkugel – wie auf der vorhergehenden Seite gezeigt – und stelle dich darunter.
4. Wenn du den Wasserhahn aufdrehst, wird das Bewusstsein des Wassers von der aufgeladenen Energiekugel aktiviert und reinigt so dein Energiefeld.
5. Die Energiekugel wird nur für etwa drei bis fünf Minuten pro Dusche aktiv bleiben, das ist jedoch mehr als ausreichend zur Reinigung des Energiefeldes.

7 Heißes Bad mit reinigender Affirmation

Es gibt nichts Wohligeres und ganz und gar Zufriedenstellenderes als im warmen Badewasser zu liegen, dem eine Affirmation beigegeben wurde. Das Resultat spürst du unmittelbar, wenn die übersinnlichen Eigenschaften des Wassers sanft von den Poren deiner Haut aufgenommen werden. Dort übermittelt es seine Botschaft bis in die Tiefen deiner Zellstruktur und verbreitet sich durch deinen ganzen Körper wie ein „positiver Virus“.

Die übersinnlichen Eigenschaften des heißen Wassers werden sanft von den Poren der Haut aufgenommen

Die Wirkung tritt sofort ein – und du erlebst die unvergleichliche Präsenz der Lebenskraft des Wassers, das dich mit seiner übernatürlichen Macht durchdringt. Diejenigen, die diese Übung häufig praktizieren, betonen mit Nachdruck, dass sie sich viel glücklicher in ihrem Leben und unglaublich jung fühlen – was schließlich zu einem längeren Leben beiträgt.

Die Anzahl und Varianten der möglichen Affirmationen sind schier unendlich. Du brauchst jedoch nur eine gute Vorstellung von dem, was du erreichen möchtest, um deinen Körper zu heilen oder spirituell zu reinigen.

1. Fülle die Badewanne mit warmem/heißem Wasser und gib deine Affirmation hinein.
2. Es ist nicht störend, dem Wasser Badezusätze beizufügen – das Ergebnis wird genauso sensationell sein.

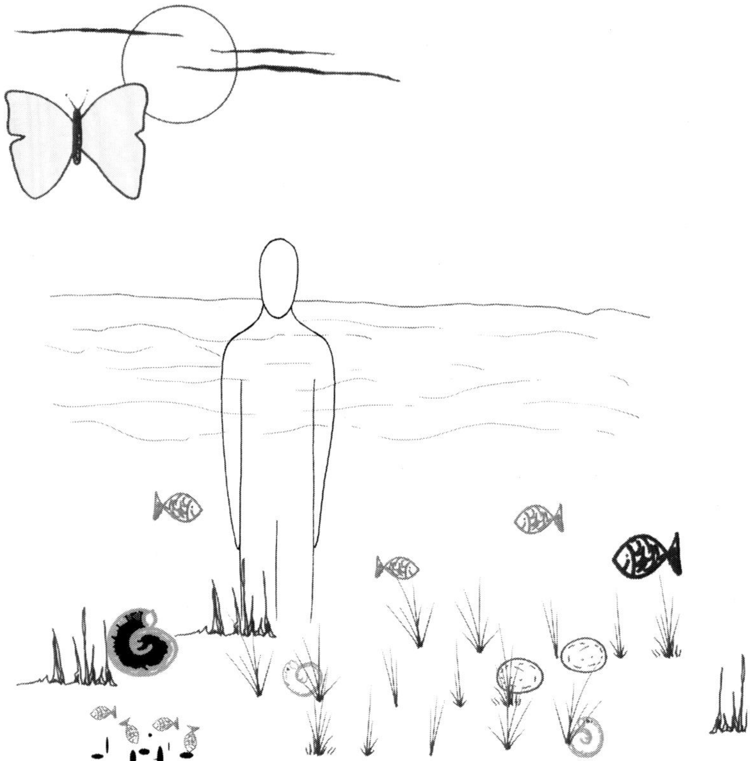

8

Die Macht von Silber und Grau

Zu Anbeginn der Zeit wurden zwei bedeutende Kräfte erschaffen, die eines Tages selbst unsterbliches Leben hervorbringen sollten. Eine war die Macht des Schwarzen, die andere die Macht des Weißen. Ewigkeit folgte auf Ewigkeit – und diese zwei Mächte jagten einander durch das Universum und kämpften, um zu sehen, wer der Stärkere war. Dann kam der unausweichliche Augenblick, in dem sich diese beiden unbeschreiblichen Kräfte zum allerersten Mal von Angesicht zu Angesicht gegenüberstanden. Das Universum hielt den Atem an in Erwartung der größten Explosion aller Zeiten. Doch die Legende besagt, dass die zwei Lebensformen nicht miteinander kämpften, sondern sich stattdessen ineinander verliebten, Klang, Bewegung und Struktur erschufen sowie auf wunderbare Weise Silber und Grau gebaren. Diese beiden nun halfen wiederum ihren Eltern, Farbe sowie Tag und Nacht auf die Erde und die Planeten zu bringen – wie wir heute wissen.

Meine Nachforschungen haben mir gezeigt, dass Silber beziehungsweise Grau eine Farbe ist, die sich ganz anders verhält als der Rest des Farbspektrums. Darüber hinaus ist ihre energetische Schwingung in Vollmondnächten von Natur aus stärker und unglaublich intensiv. Ich möchte gerne eines meiner Experimente weitergeben, das sich als besonders tief gehend und magisch erwiesen hat, und jenen, die es ausprobiert haben, viel Vergnügen, Überraschung und Aufregung beschert hat.

1. Diese Übung kann man nur in Vollmondnächten machen – am besten, wenn es warm ist.
2. Du brauchst dazu: das Meer oder einen Badesee, silberfarbene oder graue (Bade)kleidung und mindestens zwei gute Freunde.
3. Gehe mit deiner ausgewählten Montur ins Wasser – zwischen 22 Uhr und Mitternacht.
4. Entspanne dich und schließe deine Augen. Atme langsam und tief. Erlaube den magischen Eigenschaften der Farbe, von der Lebenskraft des Mondes angeregt zu werden. Genieße die Erfahrung.
5. Wenn du das Element Wasser wieder verlässt, versuche die Energie rund um deinen Körper wahrzunehmen – es ist wahrscheinlich, dass du deine Aura sehen kannst.

Weil diese Übung sehr tief gehend sein und sogar bestimmte Emotionen auslösen kann, brauchst du eventuell zwei gute Freunde, die dich moralisch unterstützen und außerdem mit heißen Getränken und trockener Kleidung versorgen.

Falls du diese Übung der Mühe Wert findest und die nächste magische Daseinsstufe erklimmen möchtest, dann schicke mir bitte eine E-Mail.

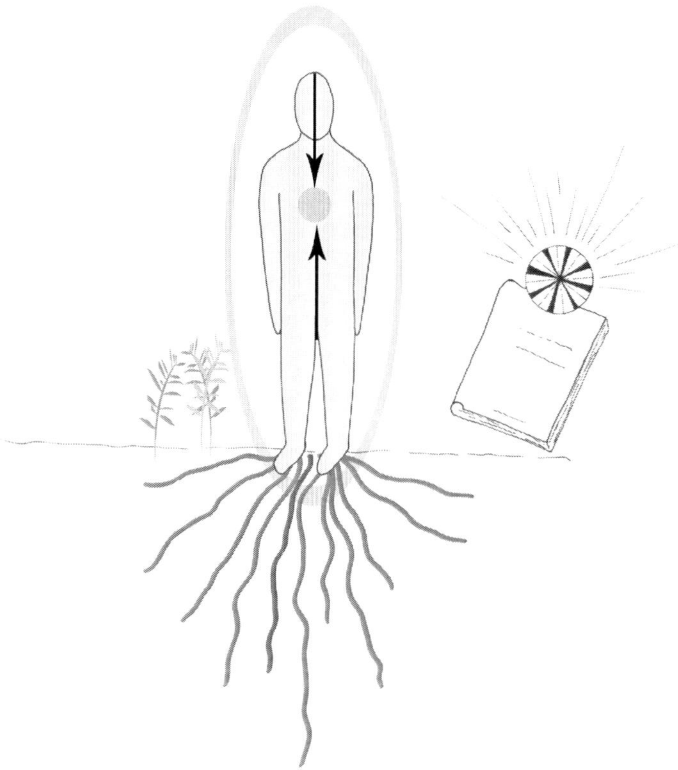

2. Kapitel

Umsorge dich selbst

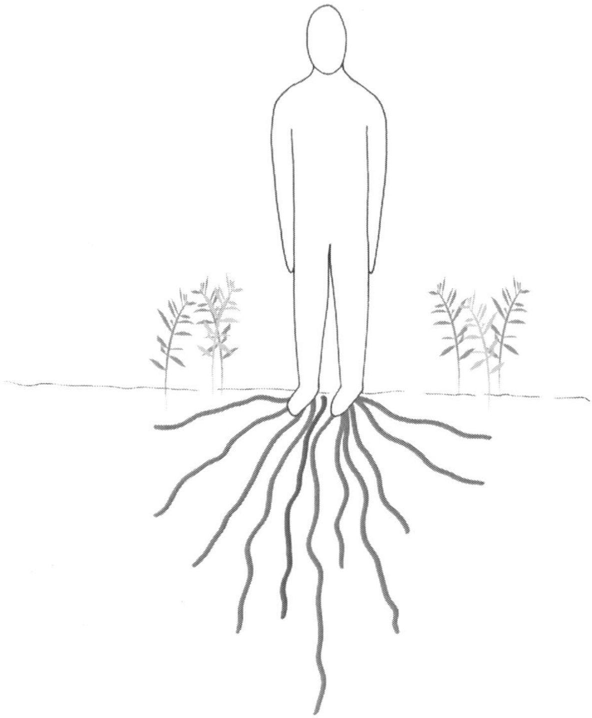

9 *Erde dich – fester Boden unter deinen Füßen*

Die Erdungsübung hilft dir, eine Grundlage zu schaffen, auf der du deine Träume aufbauen kannst. Sie unterstützt dich, deine Ausgangsbasis in der Spiritualität zu stärken, um so deine Aura und ihre zahlreichen feinstofflichen Schichten zu festigen. Als grundlegendes Rüstzeug für jeden guten spirituellen Lehrer oder Seminarleiter – männlich wie weiblich – ist diese Übung von unglaublicher Wichtigkeit.

Wenn du einmal die Grundidee und die Ausführung dieser Übung beherrschst, wird sie für dich von unschätzbarem Wert sein: sie gibt dir mehr Stärke, Geduld und Entschlossenheit – um durchzuhalten, wenn andere aufgeben. Sie stärkt deine wahre Zuversicht und das hilft dir, dich solchen Aufgaben zu stellen, die normalerweise zu übermächtig für dich wären.

Mit innerer Stärke, Geduld und Entschlossenheit durchhalten, wenn andere aufgeben

1. Du kannst diese Übung entweder im Stehen oder im Sitzen machen – am besten draußen in der Natur.
2. Schließe deine Augen, atme durch die Nase ein und stelle dir bildlich vor, wie die Luft oder Energie die ätherische Wirbelsäule entlang bis zum Basischakra (rot) vordringt. Dieses befindet sich am unteren Ende der Wirbelsäule.
3. Beim Ausatmen durch den Mund visualisiere die Farbe Rot, die vom Basischakra durch die Meridiane der beiden Beine und die Fußchakren in die Erde fließt.
4. Um diese Übung wahrhaft zu verankern, musst du dir mit deiner ganzen Absicht vorstellen, dass die Energie aus deinen Fußchakren sich wie Wurzeln eines Baumes – so tief und weit wie möglich – in der Erde verzweigt.
5. Wenn du diese Übung fünf bis zehn Minuten lang gemacht hast, solltest du das Gefühl haben, körperlich mit dem Boden verwurzelt zu sein; falls nicht, mache noch ein wenig weiter.

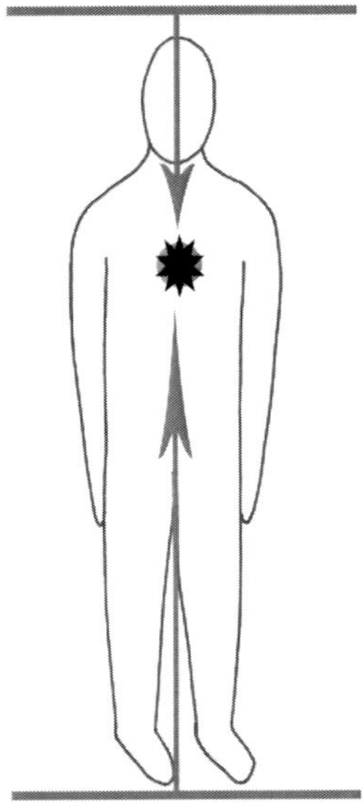

10

Mehr Klarheit und Konzentration durch Zentrieren

Die Visualisierungsübung des Zentrierens wurde entwickelt, um deine Konzentrationsfähigkeit zu verbessern, so dass du deine gesamte Energie auf einen einzigen Augenblick fokussieren kannst, ohne abgelenkt zu werden. Dieses gibt dir in allen Situationen eine größere Klarheit. Fachleute haben festgestellt, dass wir das größte Lernpotenzial in den ersten 15 Minuten unserer Aufmerksamkeitsphase haben, danach nimmt unsere Konzentrationsfähigkeit ziemlich schnell ab. Diese Übung unterstützt dich in jeder Situation, die eine längere und größere Aufmerksamkeit erfordert. Sie hilft dir in allen Belangen des täglichen Lebens und der Berufswelt, deine Absichten und Ideen „auf den Punkt zu bringen", um die Lebensumstände für dich und deine Familie zu verbessern. Sie flößt dir Kraft, Stärke und einen klaren Verstand ein für die bevorstehenden Aufgaben und hilft unbestritten, dein Bewusstsein zu erweitern.

Bei dieser Übung stellst du dir gleichzeitig zwei gegenläufige Bewegungen vor, wie auf der vorangehenden Seite abgebildet. So schweift dein Verstand nicht ab, sondern konzentriert sich völlig auf die Aufgabe. Ein Pfeil zeigt vom Scheitel nach unten, der andere von der Fußsohle nach oben. Diese zwei visualisierten Bewegungen treffen sich in einem Punkt, dem Solar Plexus, er liegt unterhalb des Brustbeines – dort, wo die beiden Rippenbögen zusammentreffen.

1. Atme tief mit geschlossenen Augen – wegen der besseren Konzentration – durch die Nase ein und stelle dir dabei bildlich vor, wie Energie vom Scheitel und von den Fußsohlen zum Solar Plexus fließt. Du kannst deine Arme wie die Pfeile benutzen, wenn du mit der Visualisierung noch nicht so vertraut bist. Einige stellen sich die beiden fließenden Energieströme in zwei unterschiedlichen Farben vor, um so ihre Vorstellungskraft zu verstärken.
2. Wenn du durch den Mund ausatmest, stelle dir vor, wie sich die beiden Energieströme im Solar Plexus treffen, ineinander greifen und dort verankern.
3. Es gibt keine festgelegte Zeitspanne für diese Übung; fünf bis zehn Minuten sind jedoch mehr als ausreichend.

Dieses ist wahrhaftig eine fabelhafte Methode, sich auf das Erreichen großer Ziele im Leben zu konzentrieren.

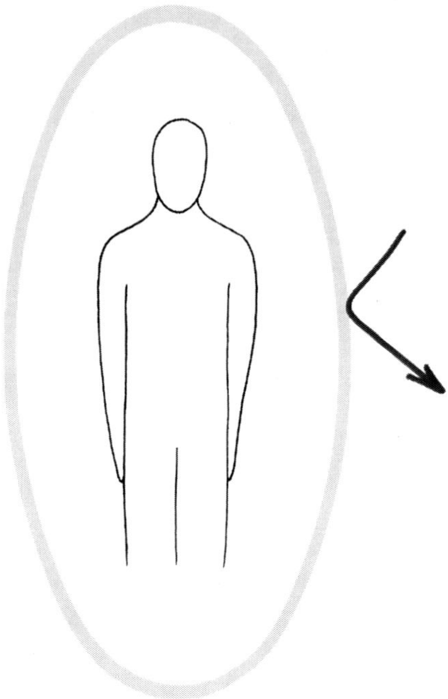

11

Schütze dich vor äußeren Einflüssen

Diese allgemeine Visualisierungsübung hilft dir, die Aura und ihre feinstofflichen Schichten vor äußeren Einflüssen zu schützen. Dieser Schutz ist so angelegt, dass alle negativen Gedanken und Gefühle, die gegen dich gerichtet sind, von dir ferngehalten werden. Zusätzlich unterstützt diese Übung das Stärken, Formen und Heilen der Aura.

Ein weiterer Nutzen der Schutzübung besteht darin, zu verhindern, dass heimtückische Wesen oder negative Energiefrequenzen sich an dir festsetzen. So wie wir Kleidung tragen, um uns vor den Naturgewalten zu schützen, so müssen wir auch unsere energetischen Schwingungen vor äußeren Einflüssen schützen.

Ein Kokon aus weißem Licht umhüllt deinen Körper und gibt dir Schutz

Diese Übung ist unverzichtbar für alle, die ein Ziel verfolgen in der spirituellen, esoterischen oder New-Age-Szene, denn sie verstärkt und vergrößert wahrhaftig die eigenen übersinnlichen Fähigkeiten.

1. Diese Übung kann traditionell im Stehen oder auch im Sitzen ausgeführt werden.
2. Schließe deine Augen und visualisiere einen Kokon aus weißem Licht, der deinen ganzen Körper umhüllt.
3. Es gibt für diese Übung keine zeitliche Beschränkung; du solltest dich aber fühlen, wie in einen Umhang gehüllt.
4. Wichtige Regel! Wenn du mit dieser Übung beginnst, ist es angebracht, sie mindestens drei Mal am Tag durchzuführen, z.B. morgens, mittags und abends; mit zunehmender Erfahrung genügt dann einmal pro Tag.
5. Wer auf seinem spirituellen Weg mit Klienten arbeitet, Seminare und Workshops oder Beratungen anbietet, wird einen größeren Nutzen davon haben, die Visualisierung vor jeder Veranstaltung oder jedem Klientenbesuch zu wiederholen.

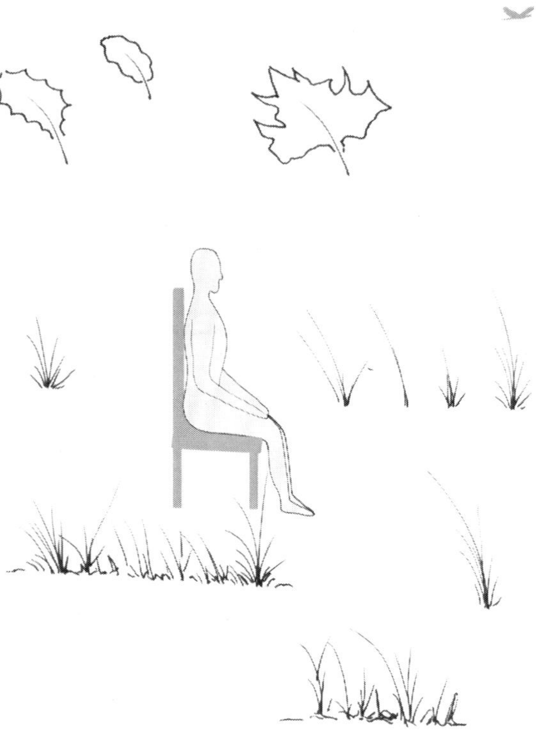

12

Lauschen für innere Ruhe und Stille

Diese Übung ist für solche Menschen gedacht, die ihren Verstand zu viel benutzen, ständig denken und sich mehr sorgen als der Durchschnitt. Sie fühlen sich oft müde und abgespannt, obwohl sie ausreichend schlafen. Darüber hinaus zeigen sie häufig Zeichen von Erschöpfung und Reizbarkeit sowie einen Mangel an Konzentration.
Auf der energetischen Ebene haben wir eine feinstoffliche Schicht in unserer Aura, die Mentalkörper genannt wird. Ihre Aufgabe ist es, jedem einzelnen Gegenstand unserer Gedanken Energie zu senden; das zeigt deutlich die große Menge an Energie, die hin und her bewegt wird. Man kann sagen, dass unser Gehirn durchschnittlich 60.000 Gedanken pro Tag erzeugt, wenn wir an so generelle Dinge wie Familie, Freunde, Beruf, Vergangenes, Gegenwärtiges, Zukünftiges und Träume denken. Nun kann man sich leicht vorstellen, dass solche Menschen mit ihrer Energie Raubbau treiben, indem sie unablässig (nach)denken und nur dann Ruhe, Frieden und völlige Entspannung finden, wenn sie schlafen. Ihr Denkprozess startet unglücklicherweise wieder, sobald sie erwachen.

1. Finde einen ruhigen Zeitpunkt für diese Übung, am besten morgens, bevor dein Tagesablauf beginnt, setze dich auf einen Stuhl – möglichst im Freien.
2. Schließe deine Augen und versuche, so vielen Geräuschen wie möglich zu lauschen – erst in der unmittelbaren Umgebung, dann weiter weg. Atme langsam und tief.
3. Diese Übung sollte etwa fünf bis fünfzehn Minuten dauern.
4. Nach einem Zeitraum regelmäßiger Übung – zwischen zwei und vier Wochen täglich – könntest du mit geschlossenen Augen von folgendem Eindruck überrascht werden: Du fühlst die körperliche Anwesenheit von jemandem, der dich in einen Umhang oder eine Decke hüllt. Diese Erfahrung ist so real, dass du die Augen öffnen möchtest, um sicher zu gehen, dass wirklich niemand da ist. Der Grund für diese physische Wahrnehmung ist einfach die Rückkehr der Energie in den Mentalkörper.

Um diese Übung erfolgreich durchzuführen und die Gewohnheit des ständigen Denkens zu reduzieren, darfst du nicht in eine Meditation übergehen, das würde den Zweck verfehlen, den du verfolgst – einfach Ruhe und Stille.

13 Mit Kristallen zu einem gesunden Schlaf

Obwohl du in Wirklichkeit keine bestimmten Hilfsmittel, Requisiten oder Werkzeuge für einen gesunden Schlaf benötigst, verwenden Menschen auf der ganzen Welt sie mit großem Erfolg. Modrige, negative, unerwünschte oder auch unangenehme Schwingungen halten sich gerne in Schlafzimmern auf und warten geduldig darauf, die Bewohner, wenn sie zu Bett gehen, zu durchdringen. Dabei sollte unser Schlafplatz eigentlich ein friedlicher und sicherer Zufluchtsort, ein heiliger Raum, unser privater Platz der Ruhe und Entspannung sein.

Schlaf ist ein wesentlicher Bestandteil unseres Lebens, denn er umfasst mindestens ein Drittel davon. Diese wertvolle Zeitspanne unterstützt uns in unserer persönlichen Entwicklung, bei der Regeneration von Zellen und Traumdaten, so dass wir unser tägliches Leben besser bewältigen können.

Leider nehmen viele von uns diese unerfreulichen Schwingungen nicht wahr, die uns daran hindern wollen, das empfindliche Gleichgewicht der Harmonie zu erreichen, nach dem wir so verzweifelt streben. Um einen großen Teil dieser Problematik zu lindern, habe ich zwei Hilfsmittel aufgeführt, die deinen Schlaf erholsamer werden lassen.

Bitte beachte jedoch, dass für eine vollständige Reinigung eines geheiligten Ortes mehr als diese beiden hier genannten Werkzeuge notwendig sind.

1. Reinige alle Kristalle, bevor du sie benutzt (siehe Glossar: Kristallreinigung).
2. Nimm ein Amethystbett – keinen geschliffenen oder polierten Stein – weil dieses mehr Kraft hat. Lege es möglichst mitten unter dein Bett.
3. Lege einen rohen, ungeschliffenen Rosenquarz auf deinen Nachttisch – so nah wie möglich an dein Bett.
4. Achte auf Veränderungen in deinen Träumen – diese sind ein gutes Zeichen.

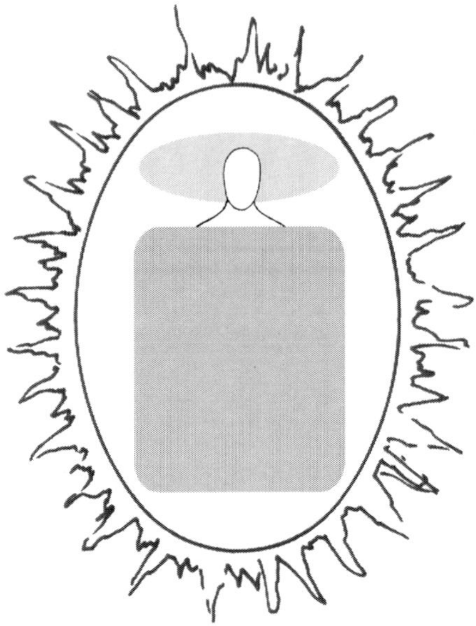

14 Schutz in der Nacht

Dieses ist eine sehr geeignete Methode nicht nur um des Nachts geruhsamer zu schlafen, sondern auch um einen tief gehenden Schutz für alle zu erschaffen, die unter Albträumen leiden. Meine Versuche, nicht etwa Licht sondern Feuer um das Bett des Bewohners zu visualisieren, haben zu faszinierenden Entdeckungen geführt. Das Geheimnis lag in der Farbe der Flammen begründet, welche stark von dem Bewusstsein des Einzelnen abhängig war, wer beispielsweise jünger als zwanzig war, visualisierte die Farbe Rot um sein Bett herum, die älteren nahmen die Farbe Violett.

Geruhsamer Schlaf statt Albträume – rote und violette Flammen schützen den Schlafenden vor beängstigenden Bildern in der Nacht

Der Unterschied zwischen diesen beiden Gruppen war ausschließlich von der jeweiligen Bewusstseinsebene abhängig. Das Bewusstsein ist erst gänzlich entwickelt, wenn jemand Anfang zwanzig ist. Und das wirkt sich unterschiedlich auf bestimmte Schwingungen aus: Rot – an einem Ende des Frequenzspektrums – ist gegenständlicher und heftiger in der Verwendung, Violett – am anderen Ende des Spektrums – ist feiner und gelassener.

1. Bevor du einschläfst, visualisiere mit deiner Absicht Feuer um dein Bett herum – in der geeigneten Farbe, die du für den beabsichtigten Schutz brauchst.
2. Falls du diese Übung für dein Kind machst, so visualisiere vor dem Einschlafen die Farbe Rot um das Bett herum.
3. Diese Übung wird jede Nacht etwas besser und stärker werden; je fleißiger du bist, umso machtvoller wird dein Schutz werden.
4. Du brauchst für diese Übung nicht mehr als fünf bis zehn Minuten Zeit.

15

Einfach im Schlaf lernen

Die meisten von uns kennen das erstaunliche Konzept, ein Buch unter das Kopfkissen zu legen, so dass – während wir schlafen – es möglich ist, Informationen aus dem Buch zu bekommen, ohne es tatsächlich bewusst gelesen zu haben. „Welch großartiger Einfall", höre ich die meisten sagen, „das lässt uns mehr Zeit für andere kreative Dinge." Viele behaupten sogar, diese Methode sei ziemlich erfolgreich bei ihren Kindern gewesen, wenn diese schwierige Themen in der Schule zu bearbeiten hatten.

In diesem Kapitel benutzen wir eine andere, höherwertige Methode, die die Kraft und das Potenzial eines Bergkristalls vereint, der wie ein facettenreicher Diamant geschliffen ist. Diese kugelförmigen Kristalle waren vor etwa einem Jahrzehnt sehr beliebt als dekorativer Schmuck und hingen hauptsächlich in Südfenstern, wo sie das Licht der Mittagssonne brachen und in wunderschönen Farben in den Raum reflektierten.

Der Kristall und die oben beschriebene, traditionelle Methode funktionieren nach demselben Prinzip. Die Kristall-Methode hat jedoch eine größere Wirkung, weil der Kristall ein lebendes Bewusstsein umschließt. Diese „Deva" kann von deinen Gedanken und deiner Absicht beauftragt werden, den Ablauf zu intensivieren und so die Information zu maximieren, die dir im Schlaf gegeben wird.

1. Entscheide, aus welchem Buch du Informationen haben möchtest, und lege das Buch auf den Nachttisch an dein Bett.
2. Halte die gereinigte Kristallkugel (siehe Glossar: Kristallreinigung) in deiner Hand und bitte die Deva in deiner gedanklichen Absicht oder auch mit gesprochenen Worten, dir die Möglichkeit zu gewähren, das Wissen des Buches zu verstärken, damit es in dein Energiefeld übertragen wird.
3. Um diese Übung so erfolgreich wie möglich zu machen, musst du die Affirmation dem Kristall gegenüber jeden Abend aufs Neue bestätigen – so lange bis du mit dem Ergebnis zufrieden bist.
4. Von Zeit zu Zeit brauchen Kristalle eventuell ein bisschen Überredung, aber im Allgemeinen solltest du ziemlich schnell ein Ergebnis erzielen.

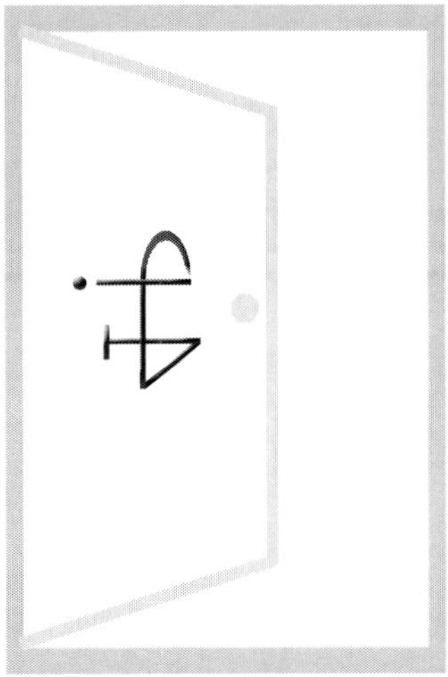

16 *Das Symbol über der Schlafzimmertür*

Wie in einem späteren Kapitel unter „Schützende Symbole“ beschrieben, können wir diese auch für eine Vielzahl anderer Zwecke benutzen, entweder für die unten beschriebene Übung oder man kann auch einfach ein Symbol in die Luft zeichnen und anschließend durch das Zeichen hindurch gehen. Mit dieser Methode können deine Gedanken das Symbol auffordern, dein Energiefeld zu schützen.

Energie ist eine lebendige Lebenskraft, die uns bei der Erledigung unserer alltäglichen Bedürfnisse unterstützen kann. Das hier benutzte Symbol trägt die Energie aus dem Geist des Erzengels Michael und wurde den Einwohnern von Atlantis geschenkt, um es mit dem Element des Feuers für Transformation und Schutz zu benutzen.

Heute trägt dieses Zeichen die machtvollen Gedankenformen jener, die es als Volk verwendeten – und seine Magie lebt weiter fort.

1. Zeichne das Symbol des Erzengels Michael über die Tür der Schlafräume, wo dein Kind, deine Freunde oder du selbst schlafen.
2. Obwohl viele andere Symbole in einer bestimmten Reihenfolge gezeichnet werden müssen, ist das hier nicht von Bedeutung – was zählt, ist allein die Absicht.
3. Als Zeichen des Respekts frage die Menschen, die in diesem Raum schlafen, immer um Erlaubnis.
4. In erster Linie ist das Symbol dazu gedacht, den Schlafraum vor bösartigen Wesen oder negativer Energie zu schützen, wenn jedoch die Bewohner erwachen und durch die geöffnete Tür gehen, so verbindet sich das Zeichen mit ihrem Energiefeld und gibt ihnen zusätzlichen Schutz für den gesamten Tag.

Als <u>Richtlinie</u> gilt: Symbole werden zur Heilung, für Schutz und zur Verstärkung der eigenen Energie benutzt.

3. Kapitel

Erkenne deinen Weg

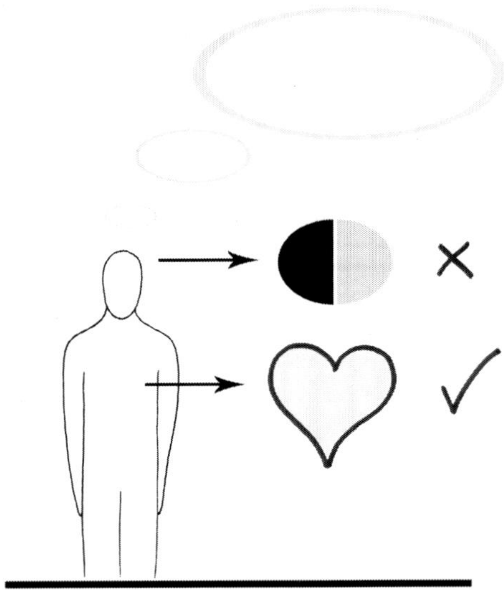

17 Die Wahrheit finden

In der heutigen, technikorientierten Gesellschaft, geschieht so viel um uns herum, dass unsere sinnliche oder geistige Wahrnehmung von der Wirklichkeit oft eingetrübt ist – und so ist es für uns schwierig zu erkennen, was real und wahrhaftig ist. Andauernd kämpfen wir mit den Widrigkeiten und Heimsuchungen des Lebens, und versuchen doch verzweifelt, die richtigen Entscheidungen zu treffen – auf der Grundlage unseres logischen Denkens und von einem analytischen Standpunkt aus. Das erinnert an eine Karikatur, auf der zwei typische Figuren zu sehen sind, jede auf einer Schulter eines Menschen. Eine ist ein roter Teufel und die andere ein Engel in Weiß, beide flüstern der Person Anweisungen ins Ohr, was diese tun oder lassen soll.

So ist diese erfreulich einfache Übung dazu da, dich vor unheilvollen Situationen zu bewahren – indem du die Gabe deiner Urteilskraft gebrauchst, das „Prinzip des ersten Gedankens". Bist du schon einmal in einen Raum voller Menschen gekommen und wusstest sofort, dass sie hinter deinem Rücken über dich gesprochen hatten? Hast du schon mal intuitiv gewusst, dass dein Partner nicht aufrichtig zu dir war – auch wenn er es bestritten hat – um dann später herauszufinden, du hattest Recht? Dieses innere Wissen kommt aus deinem Herzen und ist niemals gelogen; wenn es dir auch nicht gefallen sollte, was du siehst, fühlst oder hörst – es ist unser Verstand, der für Verzerrung, Verwirrung und einem Mangel an Klarheit sorgt.

Man nennt dies das „Prinzip des ersten Gedankens" – unabhängig davon, ob dir die Antwort gefällt oder nicht, ist es immer die richtige, weil sie direkt aus dem Herzen kommt.

1. Wann immer du eine Entscheidung treffen oder dich mit Themen auseinandersetzen musst, die dir wichtig sind, formuliere sie als Frage, z.B. „Bin ich glücklich in meiner Beziehung?" oder „Soll ich mich selbstständig machen?"
2. Denk daran, der erste Gedanke nach der Frage ist immer die richtige Antwort.
3. Der Verstand wird versuchen dich zu verwirren – auch wenn du die richtige Antwort schon gefunden hast. Er wird einwenden „ja, aber", „jedoch", „andererseits" etc. Dieser Teufelskreis wird weitergehen, bis du etwas dagegen tust – und deine eigene Wahrheit lebst.

18

Loslassen und annehmen

Diese hervorragende Technik kannst du verwenden, um dich persönlich fortzuentwickeln: Du findest zunächst für dich heraus, welche Emotionen du nicht länger benötigst, z.B. Eifersucht, Ärger oder mangelndes Selbstvertrauen. Wenn diese nach einiger Zeit verschwunden sind, dann müssen diese Freiräume von positiven Gefühlen aufgefüllt werden – wie Geduld, Harmonie, Liebe und Anerkennung.
Um den Erfolg dieser Übung zu steigern, kannst du deine spirituellen Führer, Schutzengel oder geliebten Verstorbenen anrufen, die dich freudig beim Erreichen deiner Ziele unterstützen werden, indem sie dir passende Gelegenheiten anbieten oder dich in bestimmte Situationen schicken werden.

1. Suche dir einen ruhigen Platz, wo du während dieser Übung nicht gestört wirst.
2. Mache dir eine schöne Tasse Kaffee oder Tee und lege zwei Zettel auf den Tisch. Der linke ist für das Loslassen, der rechte für das Annehmen.
3. Denke daran, dass Rom nicht in einem Tag erbaut wurde. So treffe deine Wahl klug und beginne mit etwa vier oder fünf wichtigen Punkten. Nimm dir Zeit, die Themen anzuschauen, die dich davon abhalten, deine Ziele und Träume zu erreichen.
4. Schreibe deine Ziele auf das entsprechende Blatt. Mache nun einen Spaziergang und denke darüber nach, was du gerade aufgeschrieben hast. Wenn du wieder zurück bist, lies die Punkte noch einmal durch und schau, ob du zufrieden bist oder nicht. Falls ja, mache weiter mit dem nächsten Punkt. Falls nein, dann verändere deine Ziele.
5. Für zusätzliche Unterstützung rufe deine persönlichen Führer, deinen Schutzengel und/oder deine geliebten Verstorbenen an, indem du ihnen einen Gedanken mit der Bitte um Hilfe und Führung sendest.
6. Als energetischen Ausgleich feiere das Erreichen eines jeden Zieles mit einem kleinen Fest.

Es ist wichtig, die beiden Zettel aufzubewahren, damit du siehst, wie weit du gekommen bist und wie gut du das machst. Nach einigen Monaten wirst du große Ergebnisse erzielen.

19

Eine Collage für die Zukunft

Eine Collage ist eine wunderbare Erfindung, die unsere Fantasie anregt, eine Möglichkeit, die uns erlaubt, von einer besseren Zukunft zu träumen. Die Methode ist einfach, sie basiert auf dem Prinzip des Gesetzes der Anziehung: Was du dir wünschst, wird wahr werden, wenn du es dir nur mit genügender Konzentration, Energie und Aufmerksamkeit vorstellst. Die wichtigsten Zutaten – Glaube an sich selbst und die innere Absicht – rufen die universelle Lebenskraft der Schöpfung an, um die richtige Energiemenge hervorzubringen, die die Verwirklichung deiner Träume ermöglicht. Das ist ein Augenblick in deinem Leben, der eine atemberaubende Kette von Ereignissen auslöst und deine beschauliche Schöpfung mit Magie erfüllt.

Du kannst darum bitten, dass dir dein Herzenswunsch erfüllt wird, mag er auch noch so gewaltig oder unmöglich erscheinen. Das „Gesetz des Magnetismus', der Anziehung oder des universellen Einflusses" ist unerschöpflich in seiner Leben spendenden Energie.

1. Entscheide einfach, was du dir wünschst, z.B. ein größeres Haus, ein Auto, einen neuen Arbeitsplatz, berufliche Selbstständigkeit, einen Lebenspartner – die Möglichkeiten sind unendlich.
2. Finde Abbildungen deiner Wünsche in Form von Fotos, z.B. in Zeitschriften, Büchern oder Katalogen und schneide sie aus. Schreibe deinen Wunsch außerdem auf einen Zettel, um ihn noch deutlicher zu machen.
3. Hänge diese Collage in der Nähe deines Bettes an die Wand, so dass du sie morgens zuerst und abends zuletzt siehst. Dein Wunsch oder Traum wird dadurch verstärkt.
4. Fülle diese Collage mit Leben, indem du daran glaubst. Lasse dich nicht von diesem Glauben abbringen, und wenn du möchtest, setze dir selbst ein realistisches Ziel von drei, sechs, neun oder zwölf Monaten bis zum Erreichen deines Herzenswunsches.
5. Schicke deiner Collage jeden Tag positive Energie, damit es funktioniert.
6. Das „Gesetz der Anziehung" ist ein reales Prinzip und wurde von vielen berühmten Persönlichkeiten im Laufe der Geschichte verwendet. Es benutzt deine eigenen Gedanken, um deine Wunder in der Realität zu verwirklichen.

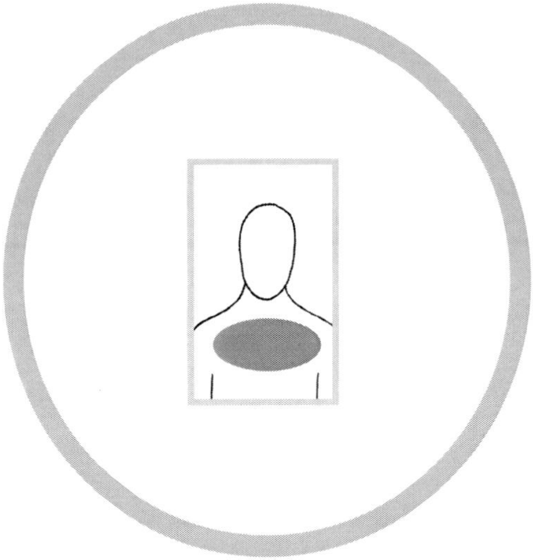

20

Der eigene Schatten

Das Leben wird von den Kräften der Polarität bestimmt. Wie wir sehen können, folgt die Nacht dem Tage und der Tod dem Leben. Diese positive und negative Lebenskraft ist eine wirklich großartige, Leben verändernde Energie, die der Menschheit das wirkliche Erfahren von Schmerz und Freude, Sieg und Niederlage beschert. Das Leben bietet den Menschen auch den freien Willen, die Macht, ja oder nein zu sagen, die Fähigkeit in jeder Situation selbst zu entscheiden, wie man reagieren möchte.

Mit dieser bedeutenden Erkenntnis, können wir feststellen, dass uns niemand verletzen kann – außer wir gestatten es ihm. Dieses ist die Stärke der Polarität, doch leider sind sich noch nicht alle dieser Tatsache bewusst und so sind viele oft traurig statt glücklich, weinen anstatt zu lachen oder fordern (heraus), wenn sie (nach)geben sollten.

Dieses Ritual hilft solchen Menschen, ihr Unterbewusstsein zu beeinflussen, so dass sie die negative Seite ihrer Persönlichkeit erkennen – ihren eigenen Schatten. Es erlaubt ihnen, die negativen Charakterzüge und Unsicherheiten allmählich zu verändern, so dass ihr verletzendes Verhalten niemandem mehr schadet. Ständig gegen des Strom der Selbstverleugnung zu schwimmen, ist nicht gesund und so wird diese Übung langsam die unterdrückten Persönlichkeitsanteile befreien sowie Erinnerungen und Informationen erschließen, auf dass man mit der Arbeit an diesen Themen beginnen und das eigene Leben zum Besseren verändern kann.

1. Für diese Übung brauchst du einen Spiegel. Es ist egal, welche Größe der Spiegel hat, so lange er rund ist – denn diese Form erzielt bessere Resultate. Der Spiegel dient dazu, den eigenen Schatten zu beleben.
2. Du benötigst ein Passfoto von dir oder der betreffenden Person, lege es mit der Bildseite nach unten auf den Spiegel. Das Bild ist ein Zeichen der Zustimmung des Betreffenden, mit der Suche zu beginnen.
3. Benutze irgendeinen Edelstein oder Kristall und lege ihn auf die Rückseite des Fotos. Das löst das Ritual aus.
4. Verwahre diese drei Dinge an einem dunklen und sicheren Ort, beispielsweise in einem Kleiderschrank.
5. Das Ritual kann bis zu sechs Monate dauern, sofern du vorher nicht deutliche, positive Anzeichen in deinem Verhaltensmuster oder dem der entsprechenden Person erkennen kannst.

Um sich auf allen Ebenen vollständig zu entwickeln und zu wachsen, darf man keine Angst vor Veränderung haben, weil Veränderung – egal, wie unbedeutend oder großartig sie auch sein mag – immer Wachstum mit sich bringt.

21

Das Drei-Minuten-Lächeln

Lächeln erhebt unser gesamtes Wesen und bringt uns in einen anderen Bewusstseinszustand, es setzt ein sanftes, warmes Gefühl in uns frei, das bestimmt eine heilsame Wirkung auf unseren Körper hat. Dieses hebt unsere Emotionen weiter an, erzeugt mehr Geduld, größere Zuversicht und Entschlossenheit – und das erlaubt dann herzlicher und verständiger zu sein. So kann man sagen, Lächeln ist wohltuend auf einer mentalen, emotionalen, physischen und spirituellen Ebene. Außerdem hat man nachgewiesen, ein paar Minuten Lächeln am Tag kann das Leben tatsächlich verlängern. Wir wissen ferner, dass es mehr Muskelkraft braucht, finster zu blicken als zu lächeln und es löst negative oder positive Gefühle in uns aus. Drohend zu schauen verringert die Energie und führt mit größerer Wahrscheinlichkeit zu Gereiztheit, die zu Ärger und Aggression werden kann – und das senkt bekanntermaßen den Intelligenzquotienten.

Auf der anderen Seite zeigt unsere Fähigkeit zu einem andauernden Lächeln über einen gewissen Zeitraum wie ein Barometer an, wie glücklich wir mit unserem Leben sind. Dies ist auch der Grund, weshalb die Übung entwickelt wurde. Ursprünglich war sie für eine Dauer von mindestens zehn Minuten ausgelegt; leider zeigte sich, das dieses in den meisten Fällen viel zu schwierig war, und deshalb wurde sie erst auf fünf Minuten gekürzt – und später dann auf zufrieden stellende drei Minuten.

Ich denke, diese Übung ist überaus nützlich und wichtig bei der Suche nach den richtigen Freunden, Lebens- und Geschäftspartnern. Für beide Seiten ist eine gute und unbelastete Atmosphäre unbedingt erforderlich, besonders wenn man erwägt, einen Teil oder sogar das ganze Leben miteinander zu verbringen. So sollte man es nicht schwierig finden, für drei Minuten zu lächeln. Das zeigt dann deutlich, dass das Leben für dich in Zukunft nicht einfach werden wird, außer du triffst die richtige Wahl und bist entschlossen in deinem Vorgehen.

1. Die Übung ist einfach: Lächele drei Minuten lang.
2. Falls dein Kiefer in der ersten Minute zu schmerzen beginnt, deine Lippen in der zweiten Minute zittern und/oder du in der dritten Minute einen trockenen Mund bekommst, dann zeigt das eindeutig, dass du nicht so oft lächelst, wie du solltest. Deshalb: Lächle, lächle, lächle!

22

Verstärke eine Affirmation

Dieses ist eine sehr einfach auszuführende Übung, für die man nur einen Bergkristall sowie einen Herzenswunsch haben muss. Dein Ersuchen kann grenzenlos sein und könnte von einem erfolgreichen Bewerbungsgespräch, über ein Buch, das du schreiben möchtest, einen gelungenen Vortrag vor einer größeren Zuhörerschaft, die bestandene Führerscheinprüfung bis zu einer Geschäftseröffnung reichen. Um es Wirklichkeit werden zu lassen, brauchst du das, was du schaffen möchtest, nur auf ein Stück Papier zu schreiben.

Diese einfache und doch so wirkungsvolle Methode ist für jene unglaublich lohnend, die einen aufrichtigen Grund haben, ihren Wunsch erfüllt zu sehen. Das Geheimnis des Erfolges ist das einzigartige Zusammenwirken zwischen der reinen, leidenschaftlichen Absicht des Anwenders sowie der Entschlossenheit beider – der magischen Rätselhaftigkeit des Universums und der Deva in dem Kristall.

So kann ein aufrichtiger Herzenswunsch in Erfüllung gehen

1. Mit aufrichtiger Absicht in deinen Gedanken suche einen ruhigen und gemütlichen Ort, an dem du deinen Wunsch aufschreiben kannst, beispielsweise einen gelungenen Vortrag vor einem großen Publikum.
2. Sobald du ganz und gar zufrieden mit deinem niedergeschriebenen Wunsch bist, falte das Stück Papier so, dass ein Bergkristall (Trommelstein) hineinpasst.
3. Stecke nun alles in einen Briefumschlag, versiegele ihn und trage ihn am Körper bis zum entsprechenden Zeitpunkt.
4. Nun bist du bereit für den großen Vortrag, der wegen der beschriebenen Hilfsmittel sehr erfolgreich sein wird.
5. Wenn deine Rede beendet ist, vernichte den Zettel und hebe den Kristall auf um ihn ein weiteres Mal zu verwenden.

Denke bitte daran, das die Hauptaufgabe des Bergkristalls die Verstärkung ist. Wenn du diesen während des Vortrages an deinem Körper trägst, versuche deshalb unbedingt, nicht allzu nervös zu sein.

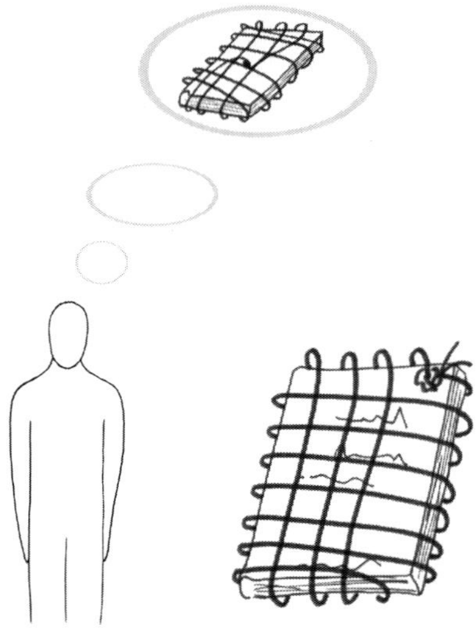

23

Eine Idee (fest)binden

Viele halten dieses für eine recht alte Form der Magie und für eine solche, die viele verschiedene Ebenen und Anwendungen vereint. In diesem speziellen Fall wollen wir sie dazu benutzen, eine Idee davor zu schützen, kopiert, geraubt oder veröffentlicht zu werden, bevor sie ausgereift und als Warenzeichen eingetragen ist.

Gedanken, aus denen fruchtbare Ideen werden, sind ein machtvolles Werkzeug, mit dem Informationen in ätherischer Form über die gesamte Welt verteilt und verbreitet werden. Dieses wird durch jedermanns Unterbewusstseinsströme erreicht, die als das „Gewebe des Lebens" bekannt sind – dieses besteht aus Millionen dünner Ströme weißen Lichts, die alle Lebewesen in ihrem Dasein miteinander verbinden. Diese Linien dienen als Träger, damit die Informationen durch ein komplexes Netzwerk reisen können – ähnlich dem Internet.

Was diese Übung so erfolgreich macht, ist Folgendes: Das Binden der Idee gestattet dem lebenden „Netzwerk der Ströme des Daseins" der Information den Weg durch seine Kanäle zu versperren. Dieses geschieht ermächtigt durch die Kraft der Jahrhunderte währenden Absicht unserer Vorfahren, die diese Methode benutzten, um zu verhindern, dass sich jenes verbreitete, was gebunden wurde.

Eine schon recht alte Form der Magie schützt mit der Kraft unserer Ahnen

1. Schreibe deine Idee nieder oder skizziere sie auf einem Stück Papier.
2. (Ver)binde dein Kunstwerk, indem du einen Bindfaden, Garn oder Schnur so lange herum wickelst, bis du das Papier nicht mehr sehen kannst.
3. Belasse das Kunstwerk so lange in diesem Zustand, bis du deine Idee ausgeführt hast, dann packe es einfach aus und wirf es weg.

24 *Geld manifestieren*

Der materielle Aspekt des Lebens ist für die Menschheit von großer Bedeutung, um in der heutigen Gesellschaft überleben zu können. Wir brauchen Nahrung, Kleidung und ein Dach über dem Kopf zum Leben und Gedeihen, doch unsere Träume sind für die Entwicklung unseres Wohlbefindens genauso wichtig. Aus diesem Grund ist es von herausragender Bedeutung, unsere kreative Seite zu wecken und an die Magie des Universums zu glauben. Der Gedanke, den eigenen Traum in der Wirklichkeit zu manifestieren, ist ein ziemlich alter, der tatsächlich funktioniert – er wird das „Gesetz der Anziehung" genannt.

Damit dieses magische Ritual funktioniert, sollte man realistisch bleiben und nicht erwarten, dass eine Million Euro auf der Türschwelle liegen, wenn der Wunsch gewährt wurde. Man kann die universelle Lebenskraft der Schöpfung bitten, einen realistischen Weg aufzuzeigen, wie man seinen Traum verwirklichen kann. Wenn du beispielsweise eine CD gemacht hast, so kannst du darum bitten, dass eine bestimmte Anzahl von Kunden diese CD kauft, damit du dein Ziel erreichst.

1. Gehe in einen Wald und suche die größte Eiche, die dort wächst. Dieser Baum beherbergt den Herrscher dieses Waldes: Ein Wesen, dass man Dryade (Baumnymphe) nennt.
2. Schaue den Baum an, sprich deine Bitte an die Dryade entweder laut aus oder stelle sie dir bildlich vor. Wenn dein Ersuchen angenommen wird, so wird es eine positive Veränderung in der Atmosphäre geben. Falls nicht, so bedeutet dies nur, dass deine Anfrage jetzt abgelehnt wurde – aber du kannst es zu einem späteren Zeitpunkt wieder versuchen.
3. Lege drei Münzen in einen luftdichten Behälter und vergrabe diesen am Fuße der Eiche – tief genug, um die Dose vor den Wettereinflüssen zu schützen.
4. Damit dir der Wunsch nach den universellen Gesetzen gewährt werden kann, musst du den Behälter auf den Tag genau nach drei, sechs, neun oder zwölf Monaten wieder ausgraben – der Zeitraum ist von deinem Wunsch abhängig.
5. Um deiner Bitte Nachdruck zu verleihen, kannst du dich zusätzlich jeden Abend auf deinen Wunsch konzentrieren.

6. Um ein großes Ziel zu erreichen, ist ein ganzes Jahr erforderlich, damit die Elemente genügend Zeit haben, deine Bitte umzusetzen.

Die Dryade wird die Lebenskraft deiner Gabe dazu verwenden, die ätherische Information deines Wunsches über die Wurzeln des Baumes in die Energielinien von Mutter Erde zu schicken. Dort breitet sie sich weitflächig über den gesamten Wald aus bis in das Erdenbewusstsein – Gaia genannt – hinein, und dort wird dein Wunsch dann in Realität verwandelt.

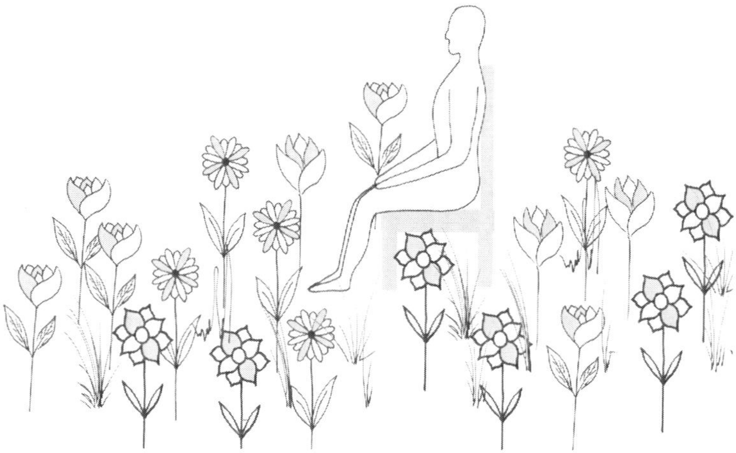

4. Kapitel

Tue dir noch mehr Gutes

25

Die „Zähl-bis-fünf"-Atemtechnik

Sich jeden Tag etwas Zeit zu nehmen, um diese Übung zu machen, bringt den Körper in eine tiefe, innere Ruhe und gestattet Momente der Erholung von den Mühen und Plagen des Alltags. Die Kunst dieser Übung besteht nicht darin, in einer Meditation aktiv zu einem entfernten Ort zu reisen, sondern sich ausschließlich auf die eigene Atmung zu konzentrieren.

Obwohl Meditation unbestrittene Vorteile in der Bekämpfung von Stress und Anspannung hat, ist diese Methode eigens entwickelt worden, um das Gleichgewicht, die Einheit oder die Übereinstimmung mit dem Körper wieder auszugleichen. Wer diese spezielle Atemmethode beherrscht, hat ein hohes Niveau an Disziplin und Hingabe erreicht und ist deshalb erfolgreich im Leben.

Ein hohes Maß an Disziplin und Hingabe führt zu Erfolg im Leben

1. Suche dir einen ruhigen Ort, an dem du während dieser Übung nicht gestört wirst.
2. Nimm ein paar tiefe Atemzüge, um zur Ruhe zu kommen und dann schließe deine Augen.
3. Du sollst deine Atmung kontrolliert verlangsamen, um so deinen Körper in einen tief entspannten Zustand zu bringen.
4. Atme langsam durch die Nase ein, zähle dabei in Gedanken bis fünf.
5. Atme dann langsam wieder durch den Mund aus, zähle dabei in Gedanken wieder bis fünf.
6. Versuche am Anfang mindestens fünfzehn Minuten zu schaffen. Außerdem wirst du merken, je länger du diese Technik übst, umso länger wird die Dauer deines Ein- und Ausatmens sein.
7. Wenn du diese Übung beherrschst, wirst du ganz bestimmt eine deutliche Verbesserung in Bezug auf deine Geduld und dein Selbstvertrauen feststellen.

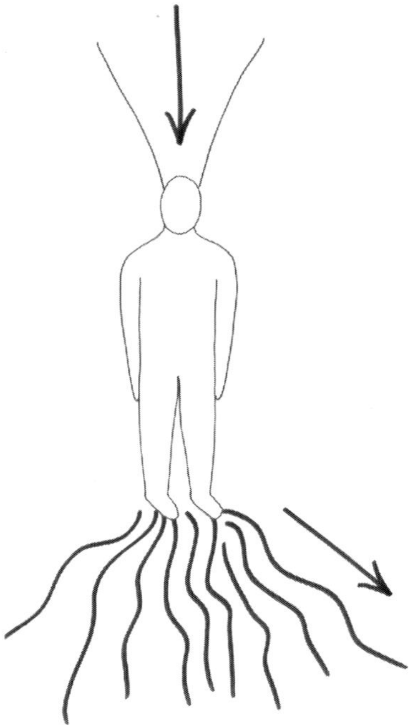

26 *Negative Energie abstreifen*

Ich habe diese Übung vor sehr langer Zeit entwickelt, um Menschen zu helfen, die gewalttätig oder depressiv waren, beziehungsweise als Unterstützung der Therapie von Menschen in einer Rehabilitation. Sie soll jegliche negative Information auslöschen, die tief in der Zellstruktur gespeichert ist, und sie anschließend durch positives Licht und eine positive Affirmation ersetzen. Ich freue mich, sagen zu können, dass diese Übung zu ausgezeichneten Ergebnissen bei denjenigen geführt hat und weiterhin führt, die sie sehr ernsthaft betreiben. Gerade so, wie du nur so stark bist wie dein schwächstes Glied, so sind Hingabe und Beharrlichkeit von entscheidender Bedeutung für diese Übung. Darüber hinaus kann diese Übung von jedem angewendet werden, um sich ganz allgemein von negativen Gefühlen oder Anspannungen zu befreien.

1. Suche einen netten, ruhigen Ort, an dem du in den nächsten zehn Minuten nicht gestört wirst. Schließe deine Augen,

um besser visualisieren zu können. Stelle dir vor, dass du an deinem Scheitel (Kronenchakra) eine Tür öffnest und hierdurch weißes Licht in dich hinein fließt.

2. Der Kern dieser Übung liegt in der folgenden Visualisierung: Stelle dir bildlich vor, wie das weiße Licht versucht, nach unten durch deinen Körper zu fließen, aber es wird aufgehalten von einer Menge schwarzer Energie – die Krankheit, negative Energie, innere Probleme, Gifte, negative Gedanken und ähnliches symbolisiert.
3. Nun baut sich ein Druck zwischen den beiden Energien auf, die eine versucht durch den Körper zu fließen (weißes Licht) und die andere versucht sie daran zu hindern (schwarzes Licht).
4. Wenn du den maximalen Druck spürst, dann stelle dir vor, wie sich gleichzeitig Türen an deinen Fußsohlen (Fußchakren) öffnen, um den Druck entweichen zu lassen.
5. Wie in der Zeichnung auf der vorigen Seite zu sehen, fließt das weiße Licht nun ununterbrochen durch den Kopf (Kronenchakra) herein und durch die Füße hinaus.
6. Während das weiße Licht mit seiner magischen Arbeit fortfährt, verwende ein Affirmation wie „säubere und reinige meinen Körper“ und vor deinem inneren Auge kannst du sehen, wie die negative Energie in dir zerfällt, um dann von dem weißen Licht hinweg gespült zu werden.
7. Wenn du dich wohl fühlst, schließe die Türen in deinen Fußsohlen und gestatte dem Licht, dich zu erfüllen. Dann schließe auch die Tür an deinem Scheitel, das weiße Licht bleibt in dir. Und nun erlaube dem weißen Licht, sich in deinem Energiefeld auszubreiten.

Damit diese Übung erfolgreich wirken kann, musst du jedes Mal, wenn du dich negativ fühlst, deine Tätigkeit unterbrechen und die Visualisierung durchführen – deshalb kann es sein, dass du die Übung am Anfang ziemlich häufig machen wirst. Auf diese Weise lernt der Verstand jedoch, dass er jedes Mal arbeiten muss, wenn er negative Gedanken oder Verhaltensweisen aussendet. Da der Verstand Arbeit nicht schätzt, wird er beginnen, positive Gedanken auszusenden, das entspricht positiver Energie – und das bedeutet mehr Erfolg, Glück und Wohlstand.

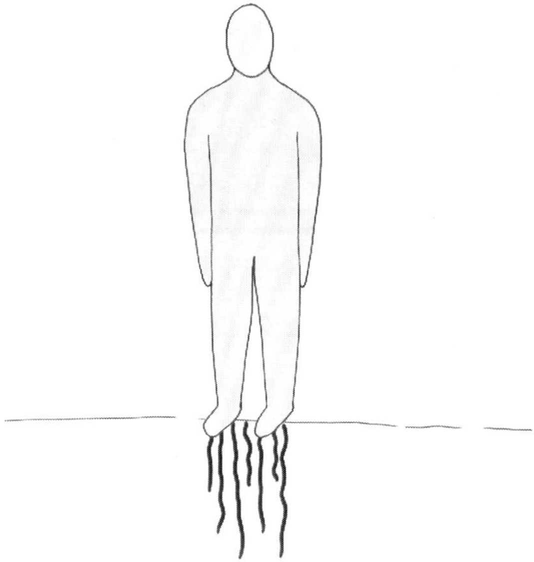

27 Energie der Erde

Mit den Kräften der Natur zu arbeiten, dazu werde ich die Menschen immer ermutigen, denn es bringt großes Glück, Erfüllung und inneren Frieden. Mutter Erde war verwundert über die vielen Geschöpfe, die während ihres Lebens gekommen und gegangen sind und die ihre einzigartigen Talente hinterließen. Ihr außergewöhnliches Bewusstsein (Gaia) ist ein Labyrinth unzähliger, magischer Geheimnisse, die darauf warten, von denjenigen entschlüsselt zu werden, die von einer neuen Existenz träumen möchten. Das zarte Gleichgewicht ihrer Schöpfung nährt sie und wacht darüber mit der Unterstützung der befreundeten Planeten, so dass wir als sterbliche Wesen in ihrem Reich leben dürfen auf der Suche nach den Antworten des Universums.

Diese Übung dient dazu, die gewaltigen Lebenskräfte aus den Tiefen der Erde in unsere physische Existenz zu holen, damit wir wie ein Zittern die körperliche Empfindung spüren, wie Jahrmillionen durch unsere Beine hinauf strömen zu unserem innersten Selbst. Diese unglaubliche Kraft kann zu den unterschiedlichsten Zwecken benutzt werden – einer ist ihre unbeschreibliche, innere Heilkraft.

1. Stelle dich – Füße schulterbreit auseinander – entweder in deinen Garten oder noch besser in einen Wald.
2. Schließe deine Augen, konzentriere dich und atme durch die Nase ein, während du dir vorstellst, wie du langsam durch die Fußsohlen die Erdenergie hinauf ziehst.
3. Während du durch den Mund ausatmest, visualisiere, wie die Energie eine kurze Pause macht – solange, bis du den nächsten Atemzug nimmst.
4. Mit dem nächsten Einatmen stelle dir vor, wie die Energie nun bis zu den Knöcheln ansteigt.
5. Du setzt die Übung fort, bis die Energie deine Taille erreicht; dann kannst du aufhören.
6. Du kannst diese Energie für dich selbst nutzen oder in einer Heilsitzung an einen Freund oder Verwandten weitergeben. Dazu legst du einfach deine Hände auf seine Schultern und stellst dir vor, wie die Energie – die du durch deine Fußsohlen hinauf gezogen hast – durch deine Hände in seinen Körper fließt. Frage den anderen nach einigen Minuten, wie er sich fühlt oder was er empfindet.

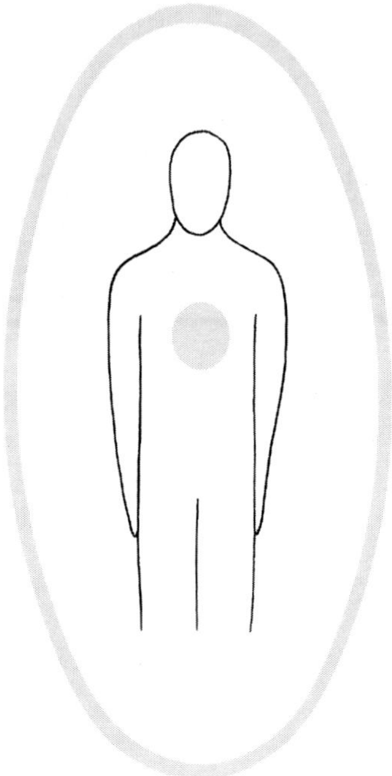

28

Schutz für den Solar Plexus

Der Solar Plexus ist eines unserer sieben Chakren; er liegt unterhalb des Brustbeins, dort, wo sich die beiden Rippenbögen treffen. Es ist das Kraftzentrum, das als Vermittler zwischen den Chakren fungiert, und sie mit mehr Energie versorgt, wenn sie unzulänglich funktionieren. Dieses Chakra ist auch unser persönlicher Speicher für Kraft, Stärke und Autorität und wirkt wie ein Stoßdämpfer, wenn die Situation für uns unerträglich wird.

Obwohl dieses Zentrum seine Energie freimütig hergibt, so gibt es doch Zeiten, in denen es erschöpft ist – der Grund für Symptome wie Reizbarkeit, Ärger, Aggression und Müdigkeit. Ein gutes Beispiel hierfür ist Folgendes: Wenn du zu einer gut besuchten Veranstaltung gehst, magst du dich anfangs heiter fühlen, wenig später spürst du jedoch, dass du müde oder gereizt bist. Dasselbe gilt für das Gegenteil: anfangs müde und nach einer kurzen Weile voller Tatendrang. Dieses geschieht einfach, weil Energie eine natürliche Tendenz besitzt, sich zwischen den Personen auszugleichen. Deshalb ist es von entscheidender Bedeutung, die Energie dieses Zentrums davor zu schützen, von anderen übernommen zu werden – absichtlich oder unabsichtlich.

Energie besitzt eine natürliche Tendenz, sich zwischen anwesenden Personen auszugleichen

1. Wenn du dich außergewöhnlich müde, gereizt, ganz traurig oder aggressiv fühlst, dann ist es ziemlich wahrscheinlich, dass Energie abgezogen wurde.
2. Deshalb, lege sanft deine Hand/Hände auf den Solar Plexus mit der Absicht, dieses Zentrum zu schützen.
3. Es gibt keine Zeitbeschränkung für diese Übung, obwohl die Menschen üblicherweise ihre Hand oder ihre Hände wieder wegnehmen, sobald sie sich besser fühlen.

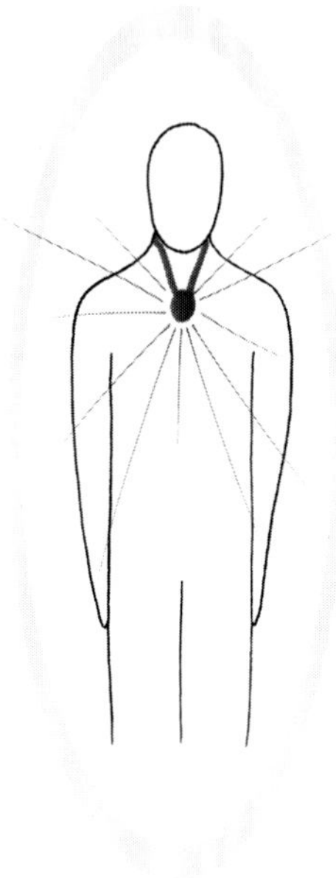

29

Schutz durch Bernstein

Bernstein ist ein durchsichtiges, gelb-braunes Harz, das weltweit für Ornamente und Schmuck verwendet wird. Früher war er sehr gefragt wegen seiner leichten Entflammbarkeit. Für spirituelle Heiler und Lehrer hat Bernstein viele magische Eigenschaften, die sich sehr von denen der Kristalle und Edelsteine unterscheiden. Er ist ein versteinertes Harz von prähistorischen Bäumen, der das Wissen von Jahrmillionen in sich trägt, das durch die Kunst der Psychometrie abgerufen werden kann. Darüber hinaus ist Bernstein bekannt für seinen Schutz gegen schwarze Magie und dunkle Wesen – wenn er um den Hals getragen wird.

Der Grund für seinen erfolgreichen Einsatz gegen das Dunkle ist folgender. Im Gegensatz zu anderen Kristallen und Edelsteinen besitzt er keine lebende Deva, die beeinflusst werden könnte. Der Bernstein hat lediglich eine neutrale Lebenskraft, die Informationen aus der weit zurück liegenden, prähistorischen Zeit enthält – eine Schwingung, die negative Energie zu meiden scheint.

Man sagt sogar, dass er besondere Eigenschaften hat, die zerstreuten Menschen helfen: bei Prüfungen, der Erinnerung oder allgemein im Alltag. Bernstein kann helfen, wenn du ihn in der Hand hältst, unter das Kopfkissen legst oder am Körper trägst.

Bernstein hat viele magische Eigenschaften: zerstreuten Menschen kann er im Alltag eine große Hilfe sein

1. Suche ein schönes Stück Bernstein und reinige es von unerwünschten Energien (siehe Glossar: Kristallreinigung).
2. Benutze den Bernstein in der gewünschten Weise wie oben beschrieben.

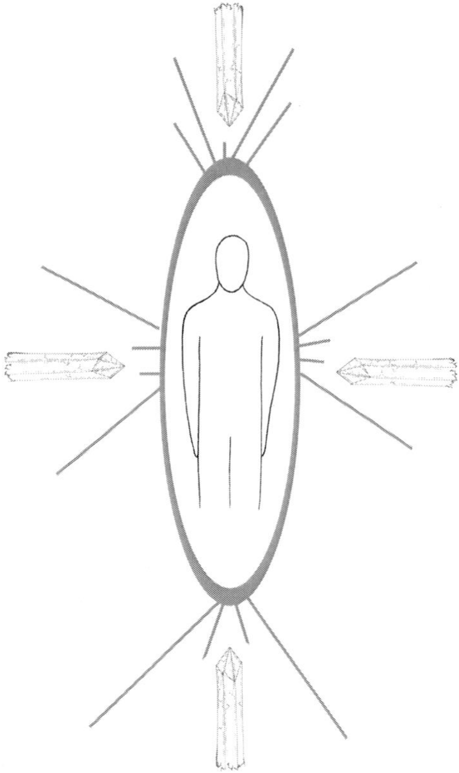

30

Die eigene Energie anreichern

Dieses ist eine großartige Übung, die du ausprobieren kannst, wenn du etwas Zeit für dich hast. Sie beinhaltet das Vergrößern und Verstärken der feinstofflichen Schichten der Aura mit einigen Bergkristallen, um die Energie zu verstärken und zu erhellen. Die Familie der Quarzkristalle – beispielsweise durchsichtiger und undurchsichtiger Bergkristall sowie Rauchquarz – könnte man in ihrer Anwendung mit dem weißen Licht vergleichen, weil sie sehr kraftvoll und rein sind; außerdem sind sie von allen Kristallen die vielseitigsten. Zu beachten ist aber immer, die Kristalle zu reinigen und zu programmieren, bevor sie benutzt werden (siehe Glossar: Kristallreinigung).

Quarzkristalle lassen sich in ihrer Anwendung mit weißem Licht vergleichen

In früheren Zeiten, als Dorfbewohner an großen Feuern saßen, sprachen sie über das, was sie entdeckt oder auf weiten Reisen gelernt hatten, und teilten ihre Erfahrungen und Geheimnisse. Sie wunderten sich über die Ergebnisse einiger Bewohner, die geheilt und gestärkt wurden durch regelmäßige Übungen. Viele dieser alten Erfahrungen haben die Zeiten bis heute überdauert, und wir können nun davon in derselben Art und Weise profitieren.

1. Visualisiere oder zeichne einen Kreis im Uhrzeigersinn auf den Boden (im Uhrzeigersinn öffnet positive Energie, gegen den Uhrzeigersinn öffnet negative Energie) und setze oder lege dich hinein.
2. Lege vier Bergkristalle mit ihren Spitzen zum Kreis hin und aktiviere mit deiner Absicht die Lichtstrahlen durch Visualisierung.
3. Schließe deine Augen und atme sanft und langsam, nimm die wertvolle Gabe der Kristalle entgegen.
4. Es gibt für diese Übung keine zeitliche Begrenzung.

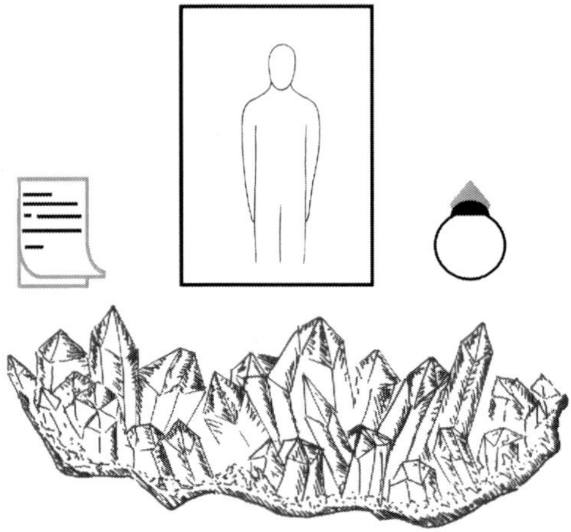

31
Energetische Reinigung

Dies ist eine wunderbare Methode sich von alten und ungeliebten Energiemustern zu lösen und kann außerdem auch zur Fernheilung benutzt werden. Was diese Übung so großartig macht, ist die unkomplizierte Art der Anwendung. Das einzige Hilfsmittel, das man benötigt, ist ein Amethyst in Form eines Amethystbetts oder einer Druse. Dieser erstaunliche Kristall hat von Natur aus eine absorbierende Eigenschaft, die sich von negativer Energie zu ernähren scheint oder diese aufsaugt – ohne darauf programmiert werden zu müssen. Die Kristallanwendung ist ferner weit in der Welt verbreitet und wird auch in meiner „TriSentient Healing Academy" gern genutzt.

Sein größter Nachteil – falls man das so sagen kann – ist jedoch, dass er keine direkte Sonneneinstrahlung verträgt. Tatsächlich verbrennt das Sonnenlicht den Kristall, verursacht ihm starke Schmerzen und über einen längeren Zeitraum tötet es ihn sogar. Wer sehr sensibel für Energie ist, wird wissen, wovon ich rede; in dem Augenblick, in dem er direktem Sonnenlicht ausgesetzt wird, ist es so, als könnte man seine erschütternden Schreie hören. Ich habe selbst gesehen, wie unzählige spirituelle Geschäfte ihren Verkauf einstellen mussten, nur weil sie diese aufsehenerregenden Kristalle in ihre Schaufenster gelegt haben, wo die Sonne sie verbrannte. Diese Schwingung durchflutet den Laden mit ihren Todesschreien und, obwohl viele nicht merken, was gerade passiert, spüren sie es dennoch auf einer höheren Bewusstseinsebene. Das hält potentielle Kunden davon ab, ein weiteres Mal zu kommen – oder sie fühlen sich irgendwie unwohl, wenn sie den Laden betreten.

1. Nimm dir ein schönes Amethystbett. Die Größe ist unerheblich, aber versuche eines zu finden, das funkelt und eine intensive Farbe hat.
2. Du kannst ein Foto, einen Ehering oder andere persönliche Dinge, Sachen von Freunden, Bilder von Haustieren, einfach alles, was du dir denken kannst, auf das Amethystbett legen.
3. Es ist auch in Ordnung, wenn verschiedene Sachen aufeinander liegen, das mindert nicht die Wirkung.
4. Du kannst sie dort so lange lassen, wie du willst. Falls du es für Freunde oder andere Personen machst, dann versuche, nach einiger Zeit eine Rückmeldung zu bekommen, um zu sehen, ob sich ihr Zustand verbessert hat.

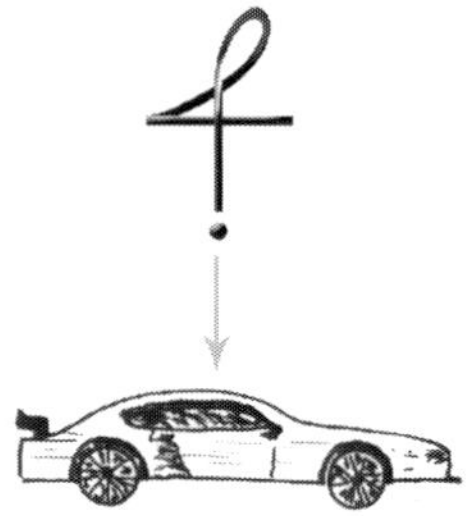

32 Gezeichnete und aufgenähte Schutzsymbole

Energie existiert – ob sich Menschen dessen nun bewusst sind oder nicht. Und ein Symbol zu zeichnen oder ein Wort zu sprechen, führt die Energie buchstäblich dazu, der Bitte zu folgen. Menschen haben die Energie der Symbole seit Jahrtausenden genutzt für ihr Vieh, das Militär, das Land, ihre Träume und so weiter – weil sie einfach den Wert des Erfolges gesehen haben. Fachleute sagen uns, Gedanken (Energie) in einen Bereich zu schicken, der Hilfe benötigt, liefert wirklich faszinierende Ergebnisse. Fernheilung (konzentrierte Energie) ist eine durchaus übliche Methode, die heute immer noch von vielen Kulturen wegen der unzähligen Erfolge genutzt wird.

Oben kannst du zwei Symbole Atlantischen Ursprungs sehen, die mir von den Erzengeln Michael und Raphael bei einem Channelling vor vielen Jahren übermittelt worden sind. Das erste Bild zeigt eine Tür, mit dem Symbol des Erzengels Michael, und das zweite einen Wagen, mit dem Symbol des Erzengels Raphael.

1. Wähle das passende Symbol.
   a) Raphael: Zeichne einfach das Symbol in die Luft und visualisiere seine Energie, die dein Fahrzeug umgibt, bevor du auf eine längere Reise gehst.
   b) Michael: Zeichne einfach das Symbol in die Luft und visualisiere seine Energie, die deine Haustür umgibt, wenn du das Haus verlässt.
2. Obwohl Symbole in einer bestimmten Reihenfolge gezeichnet werden müssen, ist das hier nicht wichtig – allein die Absicht ist entscheidend.

Als Richtlinie: Symbole werden zur Heilung, zum Schutz und zur Stärkung benutzt.

Symbole sind in ihrer Anwendung überwiegend neutral, sie schwingen im Einklang mit den Gesetzen der Natur und des Universums. Über Jahrhunderte hinweg hat die Menschheit aus ihren magischen Kräften Kapital geschlagen und sie entweder in guter oder schlechter Absicht genutzt. Die Arbeit mit Symbolen ist so erfolgreich gewesen, dass Millionen von Menschen diese Kunst heute noch immer mit denselben phänomenalen Ergebnissen nutzen. Eines ist ziemlich klar: Ihre Lebenskraft führt die Bitte aus, für die sie geschaffen wurden, und das bedeutet, dass das Leben mit Symbolen besser ist als ohne. Symbole sind zunächst ruhend, bis du ihnen mit deinem Befehl, deinem Wunsch oder deiner Bitte Leben einhauchst – und dann können die Ergebnisse „umwerfend" sein.

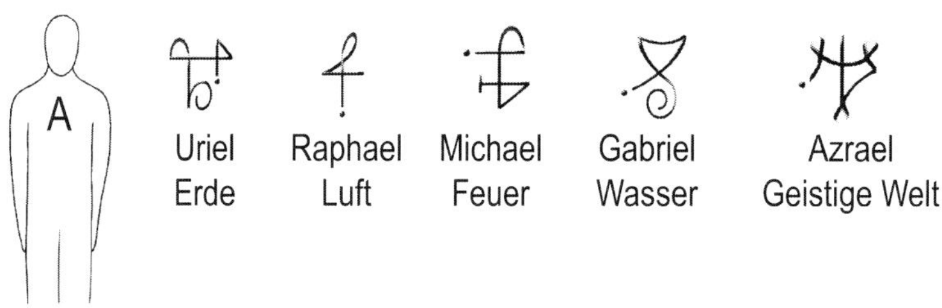

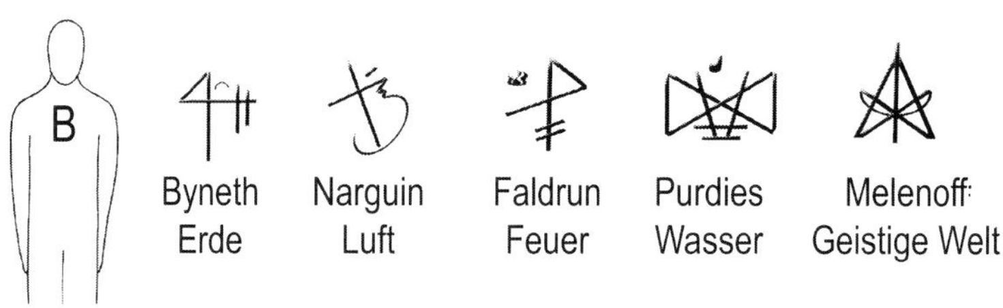

Auf den Zeichnungen habe ich zwei unterschiedliche Arten von Symbolen dargestellt, mit denen du arbeiten kannst: Atlantische (A) und Druidische (B). Um es für dich interessanter und abwechslungsreicher zu gestalten, habe ich bei A die Symbole der Erzengel der Elemente gewählt: Uriel (Erde), Raphael (Luft), Michael (Feuer), Gabriel (Wasser) und Azrael (Geist) sowie bei B die Symbole der Aufgestiegenen Meister der Elemente: Byneth (Erde), Narguin (Luft), Faldrun (Feuer), Purdies (Wasser) und Melenoff (Geist). Im Allgemeinen wachen die Engel auf der Herzensebene über die Elemente und die Meister auf der verstandesmäßigen Ebene.

Zwar können diese Symbole für eine Vielzahl von Zwecken genutzt werden, hier sind zunächst mal ein paar gute Beispiele für den Anfang. Wer in der Landwirtschaft oder mit Tieren arbeitet und wer mit Kindern zu tun hat, kann die Symbole von Uriel und Byneth verwenden. Wer im Bereich Kommunikation und Inspiration tätig ist (z.B. Malerei, Musik, Dichtkunst) benutze die Symbole von Raphael und Narguin. Wer zusätzliche Kraft benötigt, Durchhaltevermögen, Mut und Entschlossenheit – beispielsweise Sportler – nehme die Symbole von Michael und Faldrun. Wer sich um Kranke oder Alte kümmert oder in einem Hospiz arbeitet, braucht die Symbole von Gabriel und Purdies. Wer außerkörperliche Erfahrungen machen möchte oder meditative Reisen zu Orten in den Astralebenen unternimmt (z.B. Reisen zur Akasha-Chronik, den Hallen des Lernens oder dem Heilzentrum des Lichts), verwende die Symbole von Azrael und Melenoff.

Nähe oder sticke das Symbol bzw. die Symbole einfach auf die entsprechenden Kleidungsstücke. Wenn du die Symbole zusätzlich verstärken möchtest, kannst du die entsprechende Garnfarbe zum Nähen verwenden (Uriel und Byneth: braun; Raphael und Narguin: weiß oder hellblau; Michael und Faldrun: rot, orange oder gelb; Gabriel und Purdies: grün oder grau; Azrael und Melenoff: schwarz).

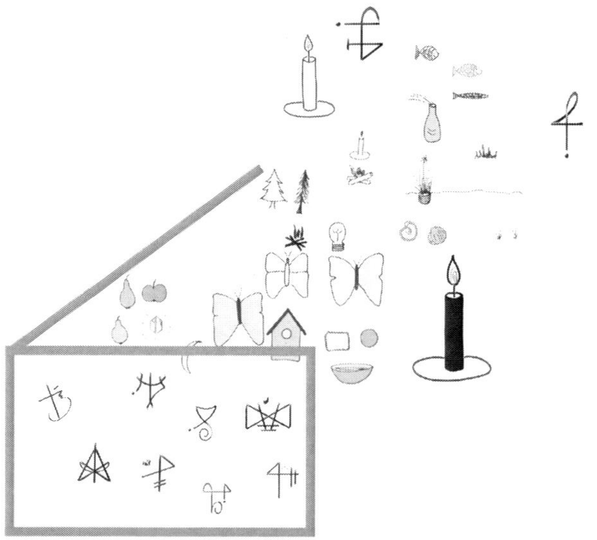

5. Kapitel

Entdecke die Schätze der Natur

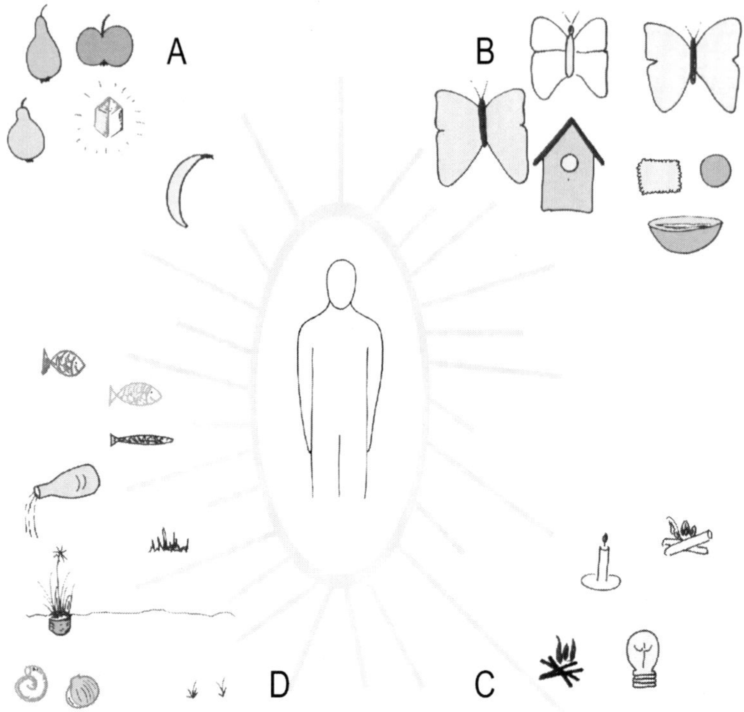

33 *Elementarwesen*

Elementarwesen sind ganz wunderbare, aber scheue Geschöpfe, die in früheren Zeiten in völliger Harmonie mit den Menschen zusammen gelebt und gearbeitet haben. Traurigerweise hat sich die überwiegende Mehrheit der Menschen im Laufe des vergangenen Jahrhunderts aus ihrer Verbindung mit der Natur zurückgezogen und so ist auch unsere Beziehung zu diesen großartigen Wesen allmählich verfallen. Hinzu kommt, dass die Liebe der Elementarwesen zu den Elementen Erde, Luft, Feuer, Wasser und Geist unermesslich ist, und so befanden sie sich in einer äußerst schmerzlichen Situation, weil sie Zeugen zahlloser Zerstörungen wurden, die die Menschheit der Erde zufügte. Sie wussten, die Menschen waren sich ihrer Taten voll bewusst und tragischerweise machten sie dennoch weiter. Das Königreich der Elementarwesen musste erkennen, dass sie uns nicht trauen konnten – weil wir uns selbst nicht trauen konnten. Unzählige Arten der Elementarwesen verschwanden allmählich von der irdischen Ebene, um stattdessen mit anderen Existenzformen zu arbeiten. Zum Glück setzen sich viele von uns heute zur Wehr und zeigen dem Königreich der Elementarwesen, dass wir nicht alle dafür verantwortlich sind, was unsere Vorfahren oder politischen Führer getan haben. Die starke Verbindung zwischen der Menschheit und den Elementarwesen kehrt jetzt zurück und gibt jedem die Möglichkeit mit ihnen zu arbeiten und von ihnen zu lernen.

Hier sind einige Instrumente, die du als Opfergabe nach draußen legen kannst, um sie zu rufen oder anzulocken, damit sie dich kennen lernen und dir helfen.

A) Das Element der Erde: Du kannst Obst, Gemüse, einen Amethysten oder irgendein glitzerndes Plastikteil als Gabe nehmen. Diese Elementarwesen heißen entweder Gnome – sie erscheinen als Gartenzwerge – oder Satyre, der Waldgott „Satyr“ mit „wolligen“ Beinen und Hörnern sieht Pan ähnlich.

B) Das Element der Luft: Als Geschenk kannst du ein Vogelhäuschen für sie aufstellen, in dem sie leben können, und Süßes (Kekse und gesüßte Milch). Diese Elementarwesen werden Feen genannt, sie neigen dazu, wie kleine Männer und Frauen auszusehen, die ein helles Licht ausstrahlen, sowie Sylphen, die oft eine menschliche Form annehmen, diese aber nicht lange behalten. Sie können uns magische Offenbarungen, Wünsche und Liebeszauber gewähren und uns mit den Astralebenen verbinden.

C) Das Element des Feuers: Als Opfergabe kannst du eine Kerze oder ein Feuer entzünden oder eine Außenbeleuchtung einschalten. Diese Elementarwesen nennt man Feuersalamander und sie können als feurige Kobolde, Eidechsen oder elektrische Entladung erscheinen. Sie können große Stärke entstehen lassen, Zeitreisen ermöglichen, Transformationskräfte und Geschicklichkeit gegen dunkle Künste.

D) Das Element des Wassers: Du kannst Wasser eine Affirmation geben, eine Wasserpflanze pflanzen oder Muscheln als Opfergabe verwenden. Diese Elementarwesen werden Wassernixen oder Seejungfrauen genannt und häufig zur Hälfte als Mensch, zur Hälfte als Fisch wahrgenommen, sowie Undinen, eine schimmernde, durchsichtige Substanz, die in allen Farben des Meeres strahlt. Sie haben übernatürliche Kräfte, um uns ewige Jugend zu gewähren, sind die Meister des Bewusstseins des Wassers, besitzen große Heilkräfte durch Lebensextrakte und Pflanzensäfte, können von emotionalen Krankheiten befreien und kennen die tiefen Geheimnisse der Weiblichkeit.

Auch wenn die Elementarwesen das, was du ihnen gegeben hast, nicht tatsächlich essen und trinken, so nehmen sie sich doch die Lebenskraft der Gaben und deiner energetischen Absicht.

34 *Das Prinzip der zwei Blumen*

Es gibt Zeiten in unserem Leben, in denen wir uns einfach nur erholen und in der Gegenwart des Lebens auftanken möchten, um die ganze Kraft dessen zu erfahren, was Mutter Erde in so vielfältiger Art und Weise zu bieten hat. Eine glänzende, aber einfache Methode ist das „Prinzip der zwei Blumen", die man auf einer wunderschönen Wiese, auf dem Lande, in einem Park oder Garten durchführen kann. Es erfüllt dich buchstäblich mit der Lebenskraft der Natur auf einem sehr hohen Niveau und wer recht empfindsam in Bezug auf Energie ist, kann die Atmosphäre des „Gewebes des Lebens" in seiner ganzen Herrlichkeit wahrnehmen.
Das „Gewebe des Lebens" besteht im Grunde aus einem Netz von Energielinien, das alle Lebensformen miteinander verbindet. Es ist ein riesiges, komplexes Netzwerk zarter Lichtfäden, das dem Wissen, der Kenntnis und der Weisheit gestattet, durch seine Daseinsströme zu fließen, um das perfekte Gleichgewicht der Schöpfung zu schaffen.

1. Suche dir einen ruhigen und gemütlichen Ort für diese Übung, an dem du in den nächsten 20 bis 30 Minuten nicht gestört wirst.
2. Setze dich mitten in ein Blumenbeet und suche dir zwei Blumen aus; es ist egal, welche und ob sie zur selben Art gehören oder nicht.
3. Lege jeweils einen Zeigefinger auf die Mitte einer jeden Blüte und schließe deine Augen.
4. Atme tief und gestatte der Natur, dich mit ihrer Energie aufzutanken.
5. Nach der angegebenen Zeit öffne langsam deine Augen, ohne deinen Körper zu bewegen, schaue auf die Natur und beobachte, ob du einen flüchtigen Blick auf das magische Geheimnis des „Gewebes des Lebens" erhaschen kannst.

35 *Einen Baum fällen*

Leider ist es manchmal unumgänglich, dass Bäume gefällt werden müssen – aus welchen Gründen auch immer – beispielsweise wenn der Baum krank oder zur Gefahr geworden ist oder für industrielle Zwecke gebraucht wird. Dennoch ist es unglaublich wichtig, der Allgemeinheit bewusst zu machen, dass, obwohl im Laufe der Jahre viele Bäume gefällt werden, wir dieses sicherlich in einer humaneren Weise tun können. In den späten 60ern und frühen 70ern des vergangenen Jahrhunderts, bewiesen Fachleute zweifelsfrei die unglaubliche Intelligenz der Pflanzen. Sie gestanden ferner zu, dass Pflanzen sowohl Schmerz empfinden als auch eine Schwingung aussenden können, die Angst signalisiert.

Es findet außerdem weltweite Zustimmung, dass eine Pflanze energetisch blutet, wenn ihr ein Blatt vorsätzlich abgeschnitten wird. Auch Bäume haben ein lebendiges Wesen, und wenn sie ohne Zustimmung gefällt werden, so senden sie eine hohe Frequenz aus, einem Schrei vergleichbar, der die energetischen Ebenen durchdringt. Es ist recht einfach, sich vorzustellen, welche Auswirkungen dies auf jedes Lebewesen hätte, das bedauerlicherweise in unmittelbarer Nähe wäre. So meiden Lebensformen üblicherweise über viele Jahre hinweg die Nachbarschaft von Gebieten mit intensiver Abholzung. Auch Menschen werden wirre Träume und schlaflose Nächte erleben; man muss keine übersinnlichen Begabungen haben, um zu wissen oder zu fühlen, dass etwas nicht stimmt, wenn man in großflächigen Abholzungsgebieten ist – es herrscht dort eine tödliche Stille, die beinahe beunruhigend ist.

Folgender Sachverhalt ist für jene offensichtlich, die besonders sensibel auf ihre Umgebung und auf Energie reagieren: Wenn man die Hände an einen Baumstamm legt, bevor man die Absicht, den Baum zu fällen, visualisiert, wird er sich warm anfühlen und damit deutlich die Anwesenheit eines lebenden Wesens anzeigen. Wenn du am nächsten Tag zurückkommst, wiederhole diese Prozedur, bevor du den Baum absägst oder fällst. Du wirst sicher überrascht sein, dass der Stamm sich ganz kalt anfühlt, das zeigt dir, dass zwar die physische Struktur des Baumes noch da ist, jedoch sein Geist nicht mehr. Du kannst gewiss sein, dem Geist des Baumes ausreichend Zeit gegeben zu haben, diesen Baum durch seine Wurzeln verlassen zu haben, um in einem anderen Baum zu weilen – bis er einem heruntergefallenen Samen innewohnen wird. Dies ist Teil des natürlichen Lebenszyklus des Baumes, vor allem, wenn er durch einen Sturm entwurzelt wurde oder aus irgendwelchen anderen, natürlichen Gründen abgestorben ist. Er ist dann frei, zu anderen Orten zu reisen, wo die natürlichen Lebensbedingungen – wie Sonne, Schatten, Nährstoffe, Energielinien oder Temperatur – anders sind.

1. Lege deine Hände auf den Stamm eines Baumes – der Baum fühlt sich warm an – und visualisiere deine Absicht. Komme am nächsten Tag zurück.
2. Der Geist des Baumes wird dann durch das Wurzelsystem entwichen sein – der Baum fühlt sich kalt an. Nun kannst du mit deiner Arbeit fortfahren.
3. Falls du mehr als zehn Bäume fällen musst, dann lasse mindestens eine Woche zwischen deiner Visualisierung und dem tatsächlichen Abholzen verstreichen; das wird den Baumgeistern erlauben, vollständig zu entweichen.

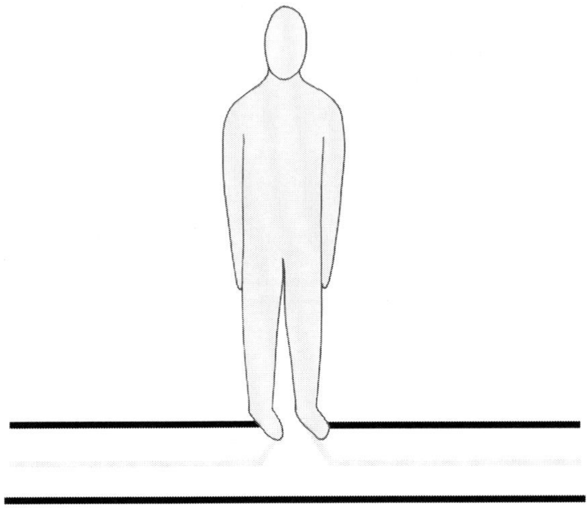

Verankerung von Energielinien

36

Eine Energielinie ist im Prinzip Energie, die auf bestimmten Bahnen die Erde umspannt, um das empfindliche Gleichgewicht des Daseins mit aufrecht zu erhalten. Wertvolle Informationen werden durch diese Energielinien von Gaia, dem Erdenbewusstsein, gesendet, um die Natur in idealem Gleichgewicht zu halten. Dazu werden verschiedene Energiefrequenzen in Regionen geschickt, die von Bränden, Entwaldung, Kriegen oder ähnlichem geschädigt oder zerstört wurden. Diese Energielinien spielen außerdem eine wesentliche Rolle für die sogenannten „verlorenen

Seelen" – Wesen, die in einem Reich namens „Limbo" (dem sogenannten Zwischenreich) gefangen sind. Sie verwenden diese Energielinien oft als Fernstraßen, um zu verschiedenen Zielorten zu reisen oder ihren Weg zurück nach Hause zu finden – ganz ähnlich wie wir Menschen Zugstrecken benutzen. Du brauchst deswegen aber nicht besorgt zu sein, wenn du diese Energielinien benutzt. Mit erdgebundenen oder verlorenen Seelen wirst du auf diesen Linien nur dann aneinandergeraten, wenn du sie mit deiner Absicht herbeirufst; sonst sind sie von der Lebenskraft der Energielinien geschützt und du bist es ebenfalls – durch die feinstofflichen Schichten deiner Aura.

Diese Übung dient dazu, unsere spirituelle Entwicklung zu beschleunigen, indem die Lebenskraft der Energielinien unsere Energie anregt und unsere innere Übersinnlichkeit entzündet. Die enorme Lebenskraft dieser Energie gibt uns mehr „Power", unsere Lebensträume oder -ziele zu verfolgen. Wenn du eines Tages erfahrener in der Arbeit mit Energielinien geworden bist, wirst du feststellen, dass deine Träume während des Schlafens lebendiger und lebensnäher werden. Das wird wiederum dein kreatives Zentrum anregen und es ihm so ermöglichen, verborgene oder verschüttete Talente an die Oberfläche zu bringen. Die Intensität der magischen Kraft der Energielinien, die aus ihrer eigenen Energie erwächst, kann dein Leben und deine Kreativität in eine neue Richtung katapultieren und dir viele neue Arten des Wachstums bringen – in einer sehr, sehr positiven Weise.

1. Suche eine Energielinie, indem du entweder ein Pendel, eine Wünschelrute oder deine Sinne benutzt.
2. Um mit dieser Energie zu kommunizieren, musst du deine Absicht einsetzen.
3. Nimm einfach einen tiefen Atemzug und stelle dich in bzw. auf die Energielinie und lasse sie durch dich hindurch fließen. Genieße deine Reise.
4. Du kannst deine Erfahrung verstärken, indem du einen Bergkristall in deiner Hand hältst.

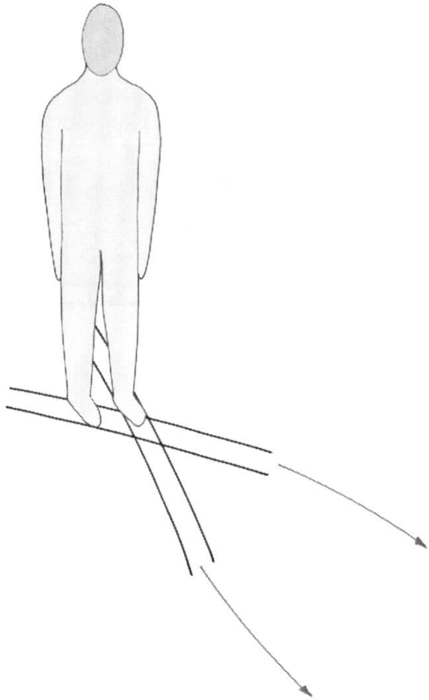

Kreuzung zweier Energielinien

37

In dem vorangegangenen Kapitel „Verankerung von Energielinien" sprachen wir über die ungeheure Kraft und die Leistungsfähigkeit dieser Linien und warum es sie gibt. Als nächste und höchste Form dieser Übung kann man sich auch in den Fluss zweier Energielinien begeben – sicherlich eine Erfahrung, die man nicht verpassen sollte, katapultiert sie doch dein ganzes Wesen in eine Wahrnehmung vollkommener Einheit mit der Natur; es ist so, als wärst du buchstäblich eine Ausdehnung der Schöpfung selbst. Mit Geduld und Hingabe wirst du allmählich verstehen, was dir Energielinien wahrhaft bieten können, und du wirst anfangen, den Herzschlag von Mutter Erde zu hören. Das Ausmaß ihres Bewusstseins – die Gaia – wird dich erwecken, wenn du die Lebenskraft ihrer Geheimnisse erfährst.

Noch atemberaubender ist diese Erfahrung nachts – wenn du einen Bergkristall zur Verstärkung in der Hand hältst – die Macht des Universums erblickst und dem Chor der Planeten lauschst, der ihre Geschichte erzählt.

Den Herzschlag von Mutter Erde hören — dem Chor der Planeten lauschen

1. Suche zwei Energielinien, die sich überschneiden, und stelle dich mit deiner Absicht langsam in den Sog dieser zwei Schwingungen.
2. Erlaube der Lebenskraft durch deine ätherische Wirbelsäule und deine Meridiane zu fließen und dabei durch ihre Gegenwart die Chakren zu reinigen und aufzufüllen.
3. Nach einer Weile schließe deine Augen, nimm ein paar tiefe Atemzüge und öffne dein Bewusstsein gegenüber allem, was möglich ist.
4. Wenn du diese Übung in der Nacht machen möchtest, kannst du auch der oben gegebenen Anweisung folgen – du solltest dieses aber erst dann tun, wenn du ein bisschen mehr Erfahrung hast.
5. Reinige und programmiere jeden Kristall, bevor du ihn benutzt (siehe Glossar: Kristallreinigung).

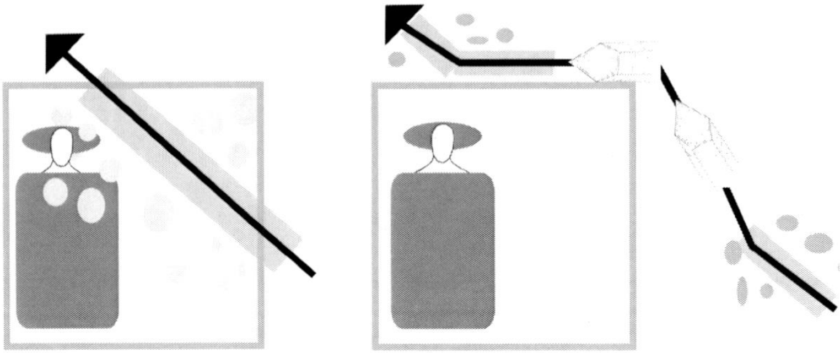

38
Wasseradern umleiten

Wasseradern unter Wohnhäusern werden heutzutage zu einem immer mehr beachteten Thema, weil die Menschen einfach sensibler für energetische Schwingungen werden, und diese leider negative Gefühle in ihnen auslösen. Was wiederum zu Angst und vielen Beschwerden führt – von schlaflosen Nächten und Gereiztheit, bis hin zu wunderlichen Träumen und unheimlichen Wesen in der Wohnung.

Woran liegt es, dass Wasseradern ein solches Hindernis im Leben der Menschen darstellen? Um die Antwort auf diese Frage zu finden, müssen wir schauen, was Wasser wirklich ist: ein lebendes Bewusstsein, das in seiner Molekularstruktur die Erinnerung an die Lebenskraft sämtlicher Bewohner des Planeten aus Jahrmillionen in sich trägt. Es sammelt die Informationen, indem es sich über die ganze Welt verbreitet, alle Lebensformen auf seinem Weg berührt und ihr Wissen aufnimmt – das allein schafft eine Energie, die beides zugleich ist: gewaltig und intensiv.
Daher ist es nicht überraschend, dass viele Menschen von jener expansiven Energie des Wassers beeinflusst werden, die die Wohnung mit ihrer lebendigen Gegenwart umgibt. Die beste und kostengünstigste Art

mit dem Problem umzugehen, ist es die Energie des Wassers umzuleiten (jedoch nicht die tatsächliche Wasserader). Dieses ist erfolgreich, wenn man ein anderes lebendes Bewusstsein – beispielsweise einen Bergkristall – dazu benutzt, die Energie zu ersetzen, wie auf der vorigen Seite gezeigt. Die lebenden Devas des Kristalls funktionieren wie ein Ablenkungsmechanismus, genauso wie ein Umleitungsschild, dem wir folgen müssen, wenn es vor uns auf der Straße ein Problem gibt.

1. Lokalisiere die Wasserader – die meisten Hausbewohner können beschreiben, wo sie ungefähr die negative Präsenz spüren. Benutze einfach eine Wünschelrute, um die genaue Position zu finden und die Richtung, in welche das Wasser fließt.
2. Reinige und programmiere mindestens zwei Bergkristalle, jeweils mit Spitze, um den Energiefluss umzuleiten.
3. Bereite in der Erde zwei Löcher vor – etwa 20 Zentimeter tief – dort wo die Wasserader umgeleitet werden soll. Dort vergräbst du die Kristalle, sobald du den Energiefluss der Wasserader erfolgreich unterbrochen hast. (siehe Abbildung)
4. Lege den Boden (das flache Ende) des Kristalls in den Energiefluss der Wasserader und lege ihn anschließend auf den Boden neben das erste Loch.
5. Die Energie des Wassers wird sich selbst umleiten und durch die Spitze des Kristalls austreten, wo du nun deinen zweiten Kristall platzierst (siehe Abbildung), damit die Energie durch ihn hindurchfließen kann.
6. Sobald die Energie erfolgreich durch beide Kristalle fließt – und dann weiter auf ihrem natürlichen Weg, kannst du die Kristalle vergraben.

Diese Kristalle können auf unbestimmte Zeit in der Erde verbleiben und so die unerwünschte Energie um das Haus herumleiten oder es kann eine natürliche Verlagerung der Wasseradern stattfinden. Diese Kristalle werden selbsttätig durch die Eigenschaften der Erde gereinigt.

Weitere Anleitungen zu „Wasseradern mit der Wünschelrute suchen“ auf S. 138.

Das eigene Haus schützen

39

Dies ist eine großartige Methode, zusätzliche Harmonie, Frieden und Schutz in deine häusliche Umgebung zu bringen. Das Geheimnis des Erfolges liegt in der Verwendung von vier Bernsteinstücken. Die Grundeigenschaft des Bernsteins ist es zu schützen und im Gegensatz zu anderen kostbaren und weniger wertvollen Kristallen und Edelsteinen, die Devas enthalten, welche beeinflusst werden können, enthält dieses Harz nur eine Lebenskraft, die in einer ganz anderen Art und Weise funktioniert. Deshalb kann kein menschlicher oder nicht-menschlicher Eingriff seine Eigenschaften beeinflussen. Seine Funktion ist ganz einfach: Der Bernstein verwandelt negative Energie in positive Energie.

Sobald jeder Bernstein so platziert ist, wie unten angegeben, erzeugen sie ein energetisches Kraftfeld, das sich von Spannungen oder anderen negativen Anzeichen nährt und an ihrer Stelle positive Energie freisetzt, die eine ruhigere Umgebung für die Bewohner schafft, für alle – die Menschen und die Natur.

1. Für diese Übung benötigst du vier Bernsteinstücke, die für den größtmöglichen Nutzen etwas größer sein sollten als eine Euro-Münze (2,5 Zentimeter).
2. Es ist wichtig, die Bernsteinstücke vor dem Gebrauch zu reinigen, weil sie noch alte, persönliche Energien von vorangegangenen Verwendungen in Geschäften, bei Freunden oder Fremden haben können. Halte sie entweder unter fließendes, kaltes Wasser, verwende ein Symbol oder stelle dir weißes Licht vor, das sie umgibt.
3. Lege ein Stück Bernstein in jede Ecke deines Hauses – am besten vergräbst du sie in deinem Garten, etwa 20 Zentimeter tief.
4. Wer in einer Etagenwohnung lebt, kann die Bernsteinstücke einfach in die Ecken legen oder hängen.
5. Solche Bernsteinstücke, die in einer Wohnung liegen, müssen nach etwa einem Jahr wieder gereinigt werden. Jene, die in der Gartenerde ruhen, müssen nicht gereinigt werden – Mutter Erde kümmert sich um sie.

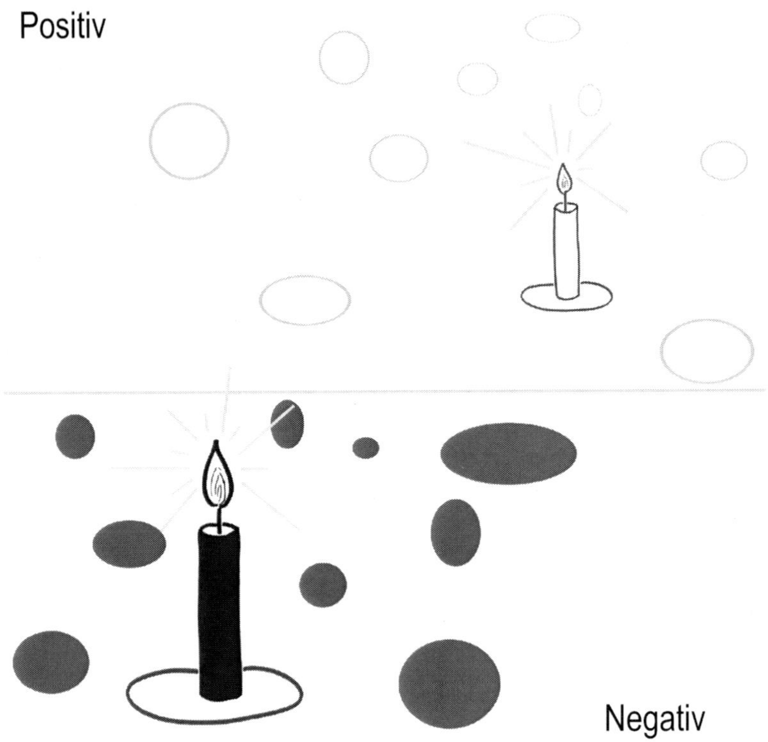

Schwarze und weiße Kerze

40

Diese einfache wie effektive Art der Reinigung von negativer Energie in einem Zimmer hat sich für jene Menschen als sehr erfolgreich herausgestellt, die sie über Jahre hinweg angewendet haben. Die beiden Kerzen stehen für das Prinzip der Polarität – die schwarze Kerze verbrennt die negativen Schwingungen im Raum und die weiße Kerze gibt ihre gute Energie.

Obwohl diese Methode nur eine einzige aus einer großen Sammlung von Techniken ist, um die gesamte Privatsphäre eines Hauses zu reinigen, genügt sie als gute und ausreichende Technik völlig, um viele unerwünschte Energien anzugehen. Dieses kann von Energien reichen, die frühere Mieter oder Besitzer hinterlassen haben, bis hin zu Energien von Streitigkeiten, Aggression und Gewalt. Man sollte jedoch wissen, dass in schwierigeren Fällen, in denen es um die Reinigung von besonders negativen oder bösartigen Energieformen beziehungsweise Wesen geht, andere Methoden angemessener sind.

1. Entscheide dich, welcher Raum zuerst gereinigt werden soll, stelle einen Kerzenhalter mit schwarzer Kerze auf einen ebenen, nicht brennbaren Untergrund in das Zimmer und zünde sie an.
2. Wenn die schwarze Kerze völlig heruntergebrannt ist, zünde die weiße Kerze an.
3. Falls du mehrere Zimmer reinigen willst, brauchst du die entsprechende Anzahl von Kerzen.
4. Sollten die Kerzen nicht ganz herunterbrennen oder von selbst verlöschen, dann musst du es noch einmal mit einer anderen Kerze versuchen. Falls das Problem anhält, ist dieses ein Zeichen, dass du die Hilfe eines erfahrenen Mediums zur Reinigung des Raumes auf einer höheren Ebene benötigst. Mach dir jedoch keine Sorgen, die Wahrscheinlichkeit in eine solche Situation zu kommen oder weitere Hilfsmittel zur Reinigung zu brauchen, ist sehr gering.

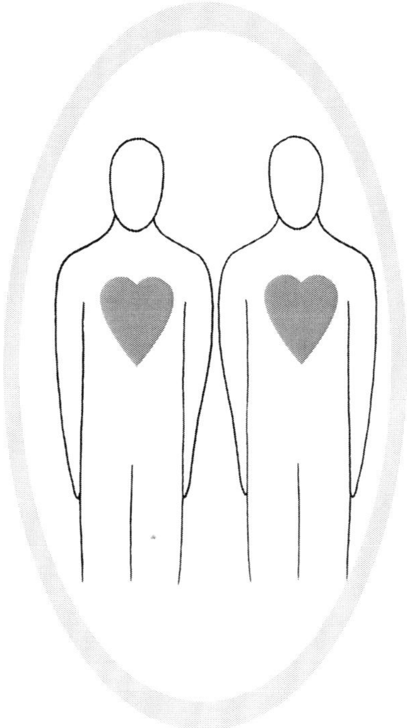

6. Kapitel

Finde deine große Liebe

Eine Kerze für die Liebe

41

Als Alternative zu einem Liebesritual (siehe nächste Übung) kann man eine Kerze auch dazu verwenden, die eigenen Wünsche der geistigen Welt oder dem Universum mitzuteilen. Bei dieser Methode solltest du dir zunächst überlegen, welche Eigenschaften der Partner deiner Wahl haben soll. Damit das Ritual erfolgreich sein kann, muss die Kerze bis zum Ende herunter brennen; falls die Flamme vorher verlischt, ist dieses ein deutliches Zeichen von der geistigen Welt beziehungsweise der universellen Lebenskraft der Schöpfung, dass augenblicklich nicht der rechte Zeitpunkt für dieses Ritual ist.

Auch wenn Liebeszauber und -rituale aufregend und lustig sind, sei dir bitte der Konsequenzen bewusst, wenn du diese ganz besonderen Menschen zu dir führst – da es für alle Beteiligten eine einschneidende Lebenserfahrung sein wird. Ich wünsche dir dabei viel Spaß und Erfolg sowie das Beste für deine neue Zukunft.

Liebesrituale können aufregend und lustig sein – sie haben jedoch für alle Beteiligten einschneidende Konsequenzen

1. Wähle die geeignete Kerze aus, z.B. rot für sexuelle Leidenschaft, grün für Liebe und Mitgefühl sowie rosa für wahre, bedingungslose Liebe.
2. Graviere deinen besonderen Wunsch mit einer Nadel in die Kerze ein, während du den Partner deiner Wahl visualisierst.
3. Achte darauf, dass die Kerze an einem sicheren Platz steht, z.B. in einer Wanne oder einem Spülbecken – und zünde die Kerze an.
4. Wenn die Kerze ganz herunter brennt, dann solltest du innerhalb der nächsten Wochen einige Resultate sehen; falls nicht, so versuche es später noch einmal.

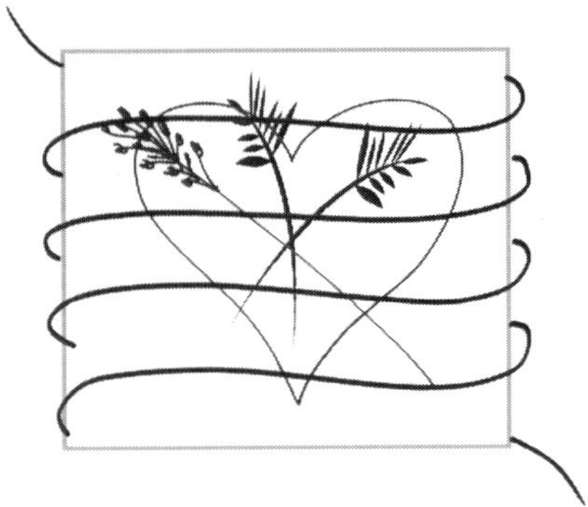

Liebesritual — das magische Verlangen sich zu verlieben

42

Es gibt nichts Aufregenderes als sich zu verlieben; es ist ein natürlicher Vorgang, der uns mit vielen gemischten Gefühlen erfüllt. Es ist eine Phase, in der wir uns jung und frei fühlen, in der unsere Gefühle die albernsten und unerhörtesten Dinge tun, einfach weil wir in einer solchen Hochstimmung und völlig sorglos sind – und weil wir meistens für eine Weile unseren Kopf verlieren.

Es gibt auch Zeiten in unserem Leben, in denen wir den richtigen Partner nicht finden können, mit dem wir unsere Erfahrungen teilen können – ohne die Angst, verletzt zu werden oder uns lächerlich zu machen. In solchen Zeiten können wir uns auf die alten Pfade begeben, welche Generationen vor uns seit Jahrhunderten genutzt haben – einen Liebeszauber oder ein Ritual, bei dem du symbolische Hilfsmittel verwendest, um dem Universum deinen Wunsch in diesem Augenblick mitzuteilen und um den Segen zu bitten, deinen Traum zu erfüllen.

1. Richte einen geheiligten Ort ein, an dem du dieses Ritual abhalten kannst, sowie einen sicheren Platz für deine Gerätschaften außerhalb der Reichweite anderer Menschen, z.B. in einem Karton auf oder in einem Schrank.
2. Suche einen Katalog, eine Zeitschrift oder ein Buch und schaue nach dem idealen Partnertypen, mit dem du deine Zeit verbringen möchtest.
3. Wenn du dich für ein Bild entschieden hast, lege einen Kristall in Herzform auf das ausgewählte Foto. (Du kannst diese Kristalle in jedem guten, spirituellen Laden oder Kristallgeschäft bekommen.) Ein rosafarbener Kristall ist gut, um wahre, bedingungslose Liebe zu finden, ein grüner für Liebe und Empathie sowie rot für sexuelle Leidenschaft.
4. Lege nun einen kleinen Zweig Lavendel auf den herzförmigen Kristall. Lavendel besitzt eine magische Eigenschaft, die unmittelbar zu wirken beginnt.
5. Zum Schluss bindest du alle deine Hilfsmittel mit einem Stück Schnur oder Baumwollfaden zusammen, der dieselbe Farbe wie der ausgewählte Kristall hat.

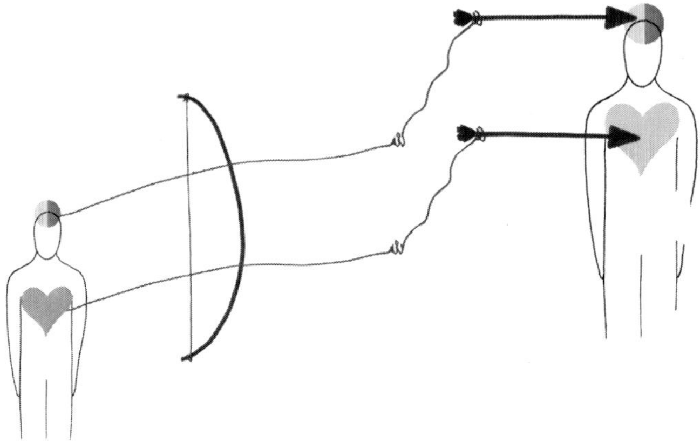

43

Liebeszauber mit Pfeil und Bogen

Ich glaube aufrichtig, dass dieses einer der machtvollsten Liebeszauber ist, die es gibt – er basiert auf dem berühmt-berüchtigten Amor-Prinzip. Es ist jedoch gleichzeitig die schwierigste Methode, weil der jeweilige Nutzer eine starke Absichtskraft zur erfolgreichen Anwendung benötigt. Die Methode benutzt zwei ätherische Lichtschnüre, die sich unabhängig voneinander auf das Herz- und das Verstandeszentrum des Auserwählten richten. Sobald die Lichtschnüre in den richtigen Positionen verankert sind, übermittelt der Anwender durch diese Lichtströme seine Absicht. Diese ätherische Information – vergleichbar dem eigenen DNS-Profil – beginnt dann auf ihrer Reise durch die feinstofflichen Schichten der Aura des Empfängers die Wunschvorstellung zu verteilen und dessen Energiefeld wird diese Information aufnehmen und filtern. Wenn das Energiefeld spürt, dass die ätherische Information mit der eigenen Energiefrequenz vereinbar ist, beginnt der Liebeszauber zu wirken. Der Mentalkörper sowie der Emotionalkörper des Empfängers fangen an, sich auszudehnen, was wiederum eine starke Schwingung erzeugt, die den Anwender zu ihm bzw. zu ihr führt – so wie Blütenpollen einen Schmetterling anlocken.

Obwohl diese Übung am Anfang wegen der erforderlichen Konzentration recht schwierig sein kann, versuche es bitte weiter. Gerade für diejenigen, die sich schon lange Zeit mit spirituellen Dingen befassen, ist dieses eine ausgezeichnete Übung!

1. Für diesen Zauber brauchst du eine gute Vorstellungskraft, um deine Absicht in derselben Weise auf den Auserwählten auszurichten wie der Engel Amor seinen Bogen spannt und den Pfeil abschießt.
2. Stelle dir einfach vor, wie du einen ätherischen Pfeil aus der Luft greifst und eine ätherische Lichtschnur aus deinem Brauenzentrum („Drittes Auge") an den Pfeil knüpfst.
3. Bewege deine Hände so, als würdest du einen Bogen spannen, um einen Pfeil abzuschießen. Schließe deine Augen und stelle dir das Brauenzentrum des Empfängers vor. Dann schieße den Pfeil ab.
4. Nun wiederhole dasselbe mit dem Herzzentrum.
5. Wenn die beiden Pfeile abgeschossen sind, sendest du deine Absicht, indem du visualisierst, wie deine Wünsche und Gefühle durch diese Lichtschnüre zum Empfänger geschickt werden.
6. Es ist wichtig, diese Übung täglich dreimal zu wiederholen: morgens, mittags und abends.
7. Falls der Empfänger dir gegenüber die Gefühle nach einigen Monaten nicht erwidert, dann versuche es erneut, sobald du eine wenig mehr Erfahrung mit dieser Übung hast, andererseits kann es auch ein Zeichen dafür sein, dass die Energie des Anderen zu diesem Zeitpunkt keine Möglichkeit der Übereinstimmung mit dir sieht.

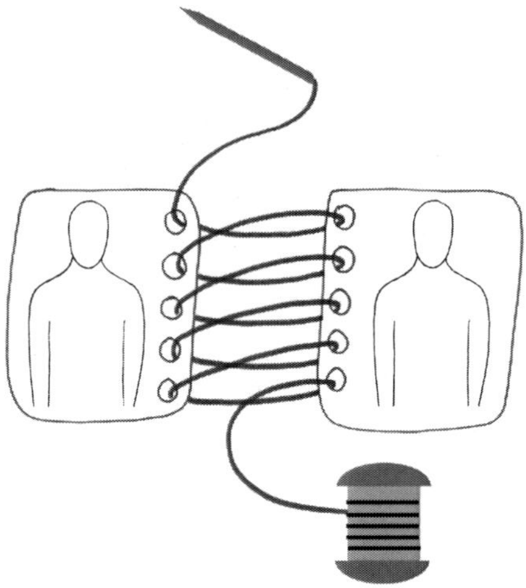

Liebesbande festigen

44

Es gibt Momente im Leben, da treffen wir einen Menschen, der so etwas Besonderes für uns ist, dass wir instinktiv wissen, er oder sie ist unser Seelenpartner – eine Liebe, so wertvoll, dass Worte sie einfach nicht beschreiben können. Wir fühlen in unserem Herzen eine totale Vollendung, eine bedingungslose Liebe, die durch nichts anderes ersetzt werden kann und wird. Diese Übung kannst du verwenden, wenn du deinen Seelenpartner gefunden hast und die Beziehung festigen und stärken möchtest.

1. Suche zwei Fotos derselben Größe (Passfoto), eines von dir, das andere von der gewünschten Person.
2. Nimm Baumwollgarn, um die Fotos zusammen zu nähen wie auf der vorangegangenen Seite gezeigt. Wähle einen rosafarbenen Faden für bedingungslose Liebe, blau für Kommunikation und das Vermeiden von Streitigkeiten.
3. Stelle die Bilder auf einen Altar oder lege sie an einen sicheren Platz.
4. Wenn du die Verbindung wieder trennen möchtest, sei es aus familiären Gründen, wegen eines Todesfalls oder weil du dich in einen anderen Menschen verliebt hast, kannst du den Faden einfach von den Bildern entfernen – das erlaubt beiden Seiten, ihren jeweils eigenen Weg zu gehen.

Man könnte mögliche Seelengefährten als die zwei Pole der Polarität – positiv und negativ, männlich und weiblich etc. – sehen, was jedoch nicht automatisch bedeutet, dass ein Mann der männliche Pol und eine Frau der weibliche Pol ist, weil beide – eine Frau sowohl wie ein Mann – unabhängig von ihrem biologischen Geschlecht von männlicher oder weiblicher Polarität sein können.

Wenn zwei Seelengefährten von unterschiedlicher Polarität sind, werden sie unmittelbar die oben beschriebene Liebe füreinander empfinden. Falls jedoch die beiden Seelenpartner von derselben Polarität sind, so werden sie als Spiegel füreinander fungieren, sich wahrscheinlich gegenseitig als Herausforderung erleben und einander unablässig ihre negativen Seiten in Streit und in Gezänk präsentieren. Obwohl auch diese Seelengefährten sich in tiefer Liebe verbunden fühlen, sind sie doch in der misslichen Lage, dass sie einerseits nicht miteinander und andererseits nicht ohne einander sein können.

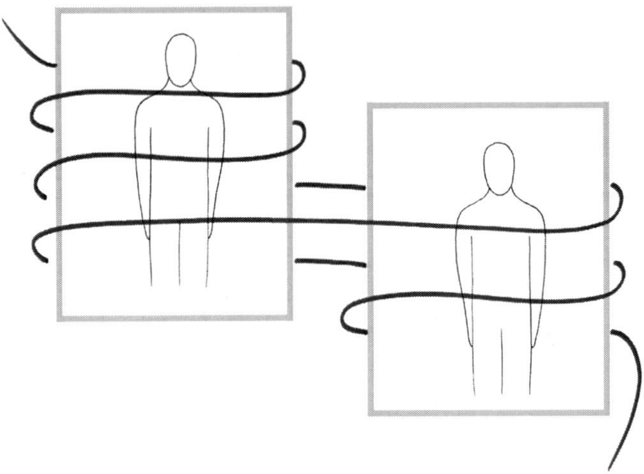

45 Energien trennen

Es ist in vielen Beziehungen, die beendet werden, nicht ungewöhnlich, dass sich die Partner noch für einen gewissen Zeitraum emotional miteinander verbunden fühlen. Es gibt jedoch Menschen, die an diese Zeiten und Gefühle nicht erinnert werden möchten – vor allen Dingen nicht an die schwierigen und negativen Emotionen. Und deshalb bemühen sie sich ständig, einen Weg zu finden, mit diesen persönlichen Themen umzugehen. Diese Übung ist genau für diejenigen entworfen worden, die diese energetischen Fesseln sprengen möchten. Obwohl die althergebrachte Methode unseren modernen Gegebenheiten angepasst und persönliche Gegenstände – wie früher benutzt – durch Bilder ersetzt wurden, so orientiert sie sich doch weitgehend an dem traditionellen Erbe. Die Schnur, die um die Bilder gewickelt ist, gibt dem Universum zu verstehen, dass eine oder beide Seiten ihre Erlaubnis gegeben haben, sich aus der gegenseitigen, emotionalen Verstrickung zu befreien. Ist die Schnur einmal durchtrennt, werden die energetischen Bande gelöst und beide Seiten können nun getrennte Wege gehen.

1. Wähle zwei Bilder in derselben Größe (Passfotos); eines von jeder beteiligten Person.
2. Umwickle die zwei Fotos mit schwarzer Schnur, Kordel oder einem Baumwollfaden wie in der Abbildung gezeigt.
3. Lasse das Ritual zwei Wochen lang wirken, bevor du den Faden durchschneidest; trenne die Bilder, dies erzeugt die Harmonie des Fließens und der Anmut und macht das Ritual erfolgreicher.
4. Sobald die Schnur durchgeschnitten ist, wird das Universum damit beginnen, den energetischen Zustand zu verändern und die Gefühle und Gedanken, die diese Menschen immer noch verbunden haben, zu trennen.
5. Falls die andere beteiligte Person jedoch zu besitzergreifend ist, und das Ritual mit der schwarzen Schnur nicht richtig funktioniert hat, kannst du das gleiche Ritual unmittelbar im Anschluss wiederholen und es noch am selben Tag trennen – benutze diesmal jedoch einen roten Faden.
6. Rot hilft Abhängigkeitsgefühle, Ärger und Frustration von dieser Person zu entfernen; es ersetzt diese Gefühle durch Schutz und inneren Glauben und hilft demjenigen, sich selbst zu erkennen.

46 Grenzen ziehen

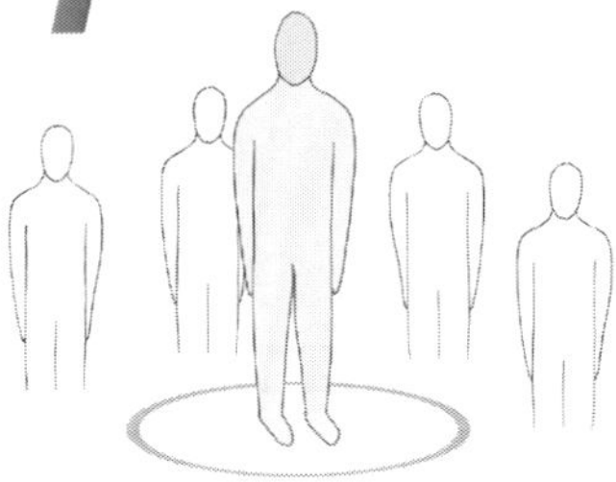

Grenzen sind unsichtbare Trennlinien, die den persönlichen, heiligen Raum eines Menschen, von dem eines anderen abtrennen. Grenzen müssen ganz und gar verstanden und gezogen werden, um deine Privatsphäre zu schaffen, wie kannst du dich sonst gut konzentrieren, für dich selbst und andere da sein? Grenzen zu verstehen, ist nicht weiter schwierig; als Beispiel stellen wir uns vor, wir ständen im Mittelpunkt eines Kreises, der symbolisch unsere Grenzen darstellt und allen außerhalb des Kreises (Familie, Freunde, Kollegen etc.) recht deutlich zeigt, dass dieses unser persönlicher Bereich, unsere Privatsphäre ist und dass sie nicht in den Kreis treten können ohne unsere Billigung. Grenzen gestatten uns, stark zu sein, kraftvoller und zielstrebiger, aber, noch wichtiger, sie lassen uns wieder menschlich fühlen, wenn wir durch die Prüfungen und Leiden des Lebens schreiten. Unsere Grenzen gewähren uns die persönliche Auszeit, die wir brauchen, um erneut zu Kräften zu kommen und in unserer schnelllebigen Gesellschaft Schritt zu halten.

Aber, es wäre unfair, andere dafür zu schelten, dass sie die Grenzen regelmäßig verletzen, wenn man nicht klar definiert hat, wo diese beginnen und enden. Deshalb ist es in unserem eigenen Interesse und der eigenen Verantwortung, unseren Mitmenschen deutlich zu zeigen, wo die Grenze zwischen dem privaten und dem sozialen Bereich liegt. Einige Beispiele: Mache eine klare Trennung oder Unterscheidung zwischen dem, was für dich wichtig ist, und dem, was andere von dir erwarten. Versieh dich mit einem Hauch von Autorität, wenn es nötig ist, das zeigt der übrigen Welt, du fürchtest dich nicht davor, in deine Kraft zu gehen, falls es erforderlich ist. Obwohl das Wort „Nein“ eine negative Anmutung hat – wie „Ja“ eine positive – so ist es dennoch für dich in der aktuellen Situation positiv, Nein zu sagen, wenn du Zeit für dich brauchst. Und obwohl viele Menschen diese Reaktion von dir nicht mögen werden, wird es ihnen für die Zukunft klarmachen, wie weit sie gehen können. Diese Beispiele machen ganz deutlich, was Grenzen zur Folge haben. Es ist nicht leicht, sie zu stärken oder anfangs überhaupt zu errichten, weil deine Mitmenschen wohl nicht an viele Grenzen gewöhnt sein werden; dennoch, du wirst belohnt, wenn du diesen privaten Bereich definierst. Vielleicht kann es dir der folgende Vergleich leichter machen durchzuhalten: Wenn du ein kleines Kind hättest, würdest du den Leuten gestatten, Vorteile aus diesem Kind zu ziehen, indem sie dieses wollen und jenes brauchen? Die Antwort ist Nein; du wärest der erste, der aufstünde und einschritte. Deshalb, wenn du genau das für ein Kind tun könntest, kannst du es auch für dich.

Lass mich einige Fragen stellen, um herauszufinden, ob deine Grenzen gut gezogen sind: Wann hast du dir zuletzt etwas Gutes getan? Dich selbst geliebt? Den Spanischkurs gemacht? Bist mit Freunden tanzen gegangen? Hast auf dem Sofa gelegen und einen tollen Film geschaut? Bist im Park spazieren gegangen? Hast einen Nachmittag mit Tee und Gebäck genossen? Bist in die Sauna gegangen und hast eine Massage oder Heilsitzung bekommen? Oder hast du stattdessen ständig Dinge für andere getan – und hat dir das keine freie Zeit für dich selbst gelassen?

Als eine kleine Richtlinie hier ein paar lebensnahe Beispiele, wie Menschen ihre Autorität gebrauchen, um ihre Grenzen abzuklären:
A) Kannst du andere enttäuschen, um deine Wahrheit zu leben?
B) Niemand kann dich verletzen, außer du gestattest es ihm.
C) Fürchte dich nicht, „Nein" zu sagen.
D) Ich bin wertvoll genug, mich selbst zu lieben (das gibt dir die Fähigkeit, in deiner eigenen Kraft zu stehen).
E) Behandle andere, wie du behandelt werden möchtest.

1. Nimm dir etwas Zeit, die Fragen und Aussagen zu betrachten.
2. Erinnere dich stets daran, du bist der Kapitän deines eigenen Schiffes, d.h. du bist für dein Leben selbst verantwortlich.
3. Schau, wo du ein paar Veränderungen in deinen Alltag bringen kannst, um Grenzen zu ziehen oder sie besser zu definieren.
4. Die Kunst der Pflege ist ein Austausch von Energie: für jede gute Tat musst du dich selbst verwöhnen, das schafft einen Heileffekt im Körper.
5. Je glücklicher du bist, umso gesünder wirst du sein und deshalb wirst du länger leben. Sich selbst etwas Gutes zu tun, bedeutet, Respekt vor sich selbst und anderen zu haben.

Unerwünschte Energie an eine Eiche abgeben

47

Hierbei handelt es sich um eine hervorragende Übung für Menschen, die sich irgendwie gestresst, irritiert oder müde fühlen – oder die einfach ihre Verbindung zur Natur für eine Weile verloren haben. Die Lebenskraft des Baumes hilft, die unerwünschten Gefühle loszulassen und durch andere, positive zu ersetzen. Dabei werden diese negativen Schwingungen wie mit einem Staubsauger abgesaugt, der Energiefluss umgekehrt und so die leeren Bereiche in uns aufgefüllt.

Obwohl man jeden großen Baum in einem Wald, Park oder Garten für diese Übung nehmen kann, ist die Eiche doch die beste Baumart. Die Eiche enthält in der kollektiven Gedankenform der Spezies eine mystische Kraft, die die Menschheit seit Generationen genutzt und bewundert hat – und die daher zweifellos einen größeren Effekt auf das menschliche Energiefeld hat als jede andere Baumart.

1. Suche dir eine geeignete Eiche und stelle dich so hin, dass du zum Stamm schaust.
2. Schließe deine Augen und frage den Baum mit deiner Absicht um die Erlaubnis, dich zu reinigen.
3. Stelle sicher, dass deine Füße fest und schulterbreit auseinander stehen, um wie eine erdende Grundfläche zu wirken.
4. Lege deine Handflächen auf den Stamm oder umarme den Baum, wie du einen geliebten Menschen umarmen würdest.
5. Fange an, dir bildlich vorzustellen, wie die unerwünschte Energie deinen Körper verlässt und in den Baum fließt.
6. Es ist üblich, dabei eine physische Reaktion zu spüren wie Schwindel, Schweben oder Zittern am Körper. Diese Empfindungen sind völlig normal in diesem Moment. Es liegt an der immensen Energie, mit der die unerwünschten negativen Gefühle aus einem heraus gezogen werden.
7. Der Baum ist ein so guter Energieleiter, dass er deine unerwünschte Energie durch sein Wurzelsystem in positive und nutzbare Energie verwandelt.
8. Empfohlen wird die Anwendung etwa einmal pro Monat; falls jemand in einer sehr stressreichen Umgebung lebt, dann kann er sie auch alle zwei Wochen durchführen.

Emotionalen Schmerz begraben

48

In unserer heutigen Gesellschaft wenden immer mehr Menschen diese Übung mit großem Erfolg an. Die Übung bewirkt, dass du deinen emotionalen Schmerz mit Hilfe einer Eiche, eines Edelsteins und Mutter Erde „kristallisierst". Dieser Prozess spendet dem Herzen und dem Verstand des Betroffenen für ein ganzes Jahr Trost. Daher ist dieses Ritual für die unterschiedlichsten Zwecke geeignet, seien es gescheiterte Ehen oder Beziehungen, sich verloren zu fühlen auf seinem Weg oder ganz allgemein unglücklich mit seinem Leben zu sein.
Die Kräfte der Natur wirken zusammen, um die negativen Emotionen für die Dauer eines Jahres zu vertreiben. Anschließend muss der Betroffene den Edelstein wieder aus dem Schoß der Erde entfernen, damit das Ritual Erfolg hat. Falls der Stein nicht zur rechten Zeit ausgegraben wird, werden diese Emotionen wieder zurückkehren.

1. Suche dir irgendeinen polierten Edelstein (Obsidian gilt als recht viel versprechend), gib deine Erinnerungen, deine Traurigkeit und deinen Schmerz – alles, was du ein Jahr lang hinter dir lassen möchtest – mit deiner Absicht in diesen Stein hinein.
2. Gehe in einen großen Wald (am besten mit einem Freund/einer Freundin zu Unterstützung) und suche dir die größte Eiche. Stelle sicher, dass du diesen Baum nach einem Jahr wieder finden wirst.
3. Lege deine Hände als Zeichen des Respekts auf diesen Baum und visualisiere alles, was du für das nächste Jahr loswerden möchtest.
4. Grabe ein kleines Loch – etwa so breit wie deine Hand – am Fuße des Baumes und lege den Edelstein hinein.
5. Genau ein Jahr später – zur selben Stunde – musst du wieder in den Wald gehen und den Edelstein ausgraben. Falls du das nicht tust, ist das Ritual wirkungslos – und deine Gefühle kehren zurück, genau so wie sie vor einem Jahr waren.

Das Ausgraben des Edelsteins kann ein sehr ergreifender Augenblick sein, weil du auf das vergangene Jahr zurückblickst. Zunächst solltest du dir zur Erledigung dieser Aufgabe gratulieren und dir anschließend der Macht deines gesamten Einsatzes bewusst werden. Erfolg basiert auf langfristigem Engagement – und so ist es nun für dich an der Zeit, all deine Stärken zu nutzen und deine Träume zu erfüllen.

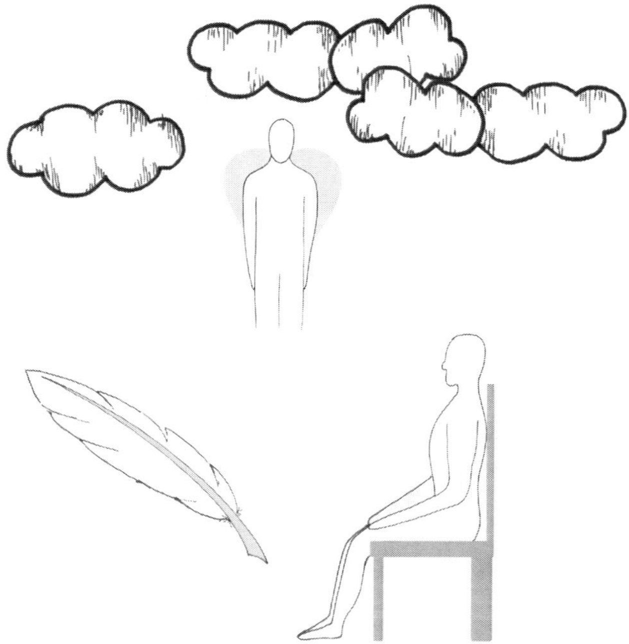

7. Kapitel

Sprich mit der geistigen Welt

49

Ein fallendes Blatt auffangen

Nach einer alten Sage heißt es, wer ein fallendes Blatt auffängt, bevor es den heiligen Boden von Mutter Erde berührt, der hat einen Wunsch frei. Dieser Wunsch verleiht der Person große magische Kräfte für die Dauer einer Jahreszeit, versetzt sie in den Stand, Träume und Wünsche zu verwirklichen, ob es sich dabei nun um eine gute Ernte, eine Beziehung, eine Freundschaft oder eine geschäftliche Spekulation handelt – die Möglichkeiten sind grenzenlos. Aber spielt es wirklich eine Rolle, wo oder wann man ein Blatt fängt? Es gibt keine Einschränkungen, obwohl, um die besten Ergebnisse zu erzielen, sollte man die Muße haben, auf den Herbst zu warten, weil es plausibler ist, ein Blatt in den Herbstmonaten zu fangen als zu irgendeiner anderen Zeit des Jahres. Trotzdem gilt das Prinzip genauso, wenn du ein Blatt während einer anderen Jahreszeit auffängst.

In früheren Zeiten, wenn der Herbst kam und viele Dorfbewohner genug Nahrung und Feuerholz für die bevorstehende kalte Zeit gesammelt hatten, bereiteten sie sich auf die herbstlichen Festivitäten vor – und dazu gehörte das Fangen von fallenden Blättern. So eine Aufregung, so ein Gelächter war zu hören, wenn jeder – Jung und Alt – mitmachte, über die Felder und durch die Wälder lief, um die Blätter zu fangen. Was sie auch immer in Bezug auf das Fangen der Blätter dachten, das Vieh wurde nicht krank, die Menschen litten keinen Hunger und vieles mehr.

Mutter Erde weiß genau, was wir wünschen und brauchen, und wie sie uns helfen kann, unsere Träume zu erfüllen oder jene Dinge zu erreichen, die wir wollen, weil sie ihr eigenes, einzigartiges Bewusstsein hat – „Gaia" genannt – das ständig mit jeder lebendigen Lebenskraft auf dem Planeten kommuniziert durch die Ströme seiner Existenz, das so genannte „Gewebe des Lebens". Symbolisch sieht dieses wie ein riesiges, glitzerndes Spinnennetz aus, das bis in die Weiten anderer Planetensysteme reicht. Über die Jahrhunderte, hatte Mutter Erde die Traurigkeit der Menschheit in den kalten Wintermonaten wahrgenommen, und deshalb entschieden, einen ganz besonderen Moment zu erschaffen, in dem die Erde jenen Menschen diese magische Offenbarung gewährte, die ein fallendes Blatt auffingen. Ihre Autorität verfügte die Wünsche jener Personen, deren Herz rein war, indem sie die Kraft und Energie zu deren Erfüllung erschuf – überall auf dem ganzen, wunderschönen Erdball. Das führte bei den Menschen zu einem Bewusstsein, enger mit der Harmonie von Mutter Erde zusammenzuarbeiten, und sie fanden heraus, dass Mutter Erde in jeder Jahreszeit besondere Geschenke für die bereit hält, die fühlenden Herzens und wachen Verstandes sein möchten.

1. Stelle dich entweder alleine oder mit Freunden in einen Park und warte darauf, dass die Blätter fallen. Versuche jenes zu fangen, das dein Auge als erstes erblickt. (Das ist nicht so einfach, wie es sich anhört, aber es macht großen Spaß.)
2. Wenn du ein Blatt aufgefangen hast, schließe deine Augen und wünsche dir etwas.
3. Gehe dann, um mit einem schönen, warmen Getränk zu feiern, und bereite dich auf die magische Offenbarung vor, die bald eintreten wird – falls du reinen Herzens bist.
4. Wie oft kann man diese Übung machen? Es wird gesagt, drei Blätter seien das Maximum – entweder an einem Tag oder über die gesamte Saison verteilt.

Die Feder als Botschaft

50

Das spirituelle Königreich ist lebendig durch die Anwesenheit von geliebten Verstorbenen, geistigen Führern und Schutzengeln, die stets wachsam und an unserer Seite sind. Sie füllen unsere Lungen mit der süßen Luft des Lebens, während wir „Mini-Schöpfer" spielen mit den Elementen, die dies ermöglichen. Sie hüllen unsere Gebete in silbernes Licht und leiten sie entsprechend weiter. Sie heilen unseren Verstand, segnen unsere Körper und verbinden unsere Seelen mit dem Geist der Schöpfung, während wir voller Erstaunen sind angesichts ihrer Fähigkeit, für unsere Wünsche Wunder zu gewähren.

Jeder Lichtstrahl, der uns erreicht, oder von uns ausgeht, verbindet uns mit einem Netzwerk aller in der gesamten Schöpfung existierenden Lebensformen – das „Gewebe des Lebens". Diese Lichtstrahlen verbinden uns aus einem einzigen Grund: dem Herzschlag Gottes zu lauschen, der uns sagt, wer wir wirklich sind und warum wir tatsächlich hier sind. Grenzenlos sind der Beistand und die Güte des spirituellen Königreiches uns gegenüber, während wir wachsen und danach streben, die magischen Geheimnisse unseres sich stets weiter ausdehnenden Universums zu erfassen.

Das Fallen oder Sehen einer Feder ist ein allgemeines Zeichen des Engelkollektivs. Falls du eine weiße Feder auf deinem Weg siehst, dann ist dies ein besonderes Zeichen von dem Erzengel Raphael, der die Kräfte des magischen Ostens und des Elementes der Luft repräsentiert. Die weiße Feder zeigt an, dass er mit dir auf eine gewisse Weise zusammenarbeiten möchte. Falls die Feder farbig ist, dann bedeutet dies, er hat eine Nachricht für dich.

1. In dem Augenblick, in dem du auf eine Feder stößt, bleibe einfach stehen, schließe deine Augen und der allererste Gedanke, den du in diesem Moment hast, wird die Botschaft sein.
2. Falls es eine weiße Feder ist, achte in den nächsten 22 Tagen ganz genau auf deine Träume.

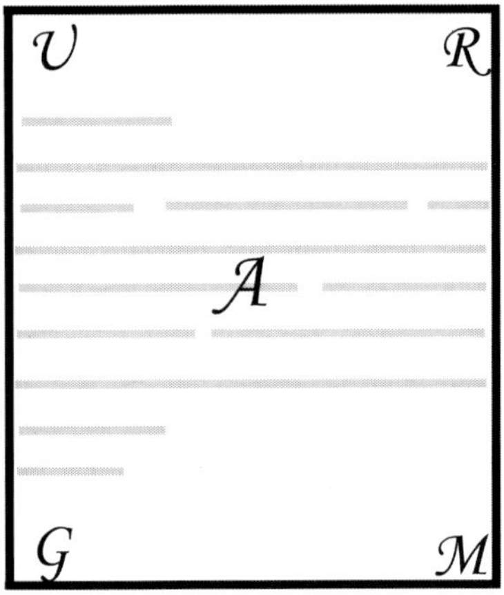

Ein Brief an die geistige Welt

51

Es gibt nichts, was uns mehr erfüllt, als die Engel um ihren Beistand anzurufen, um uns auf unserem Lebensweg zu begleiten. Sie sind ständig wachsam, warten nur darauf, jenen die Hand zu reichen, die darum bitten, sie geben ihre Energie und Liebe im Überfluss, ohne etwas als Gegenleistung dafür zu verlangen. Die Engel wurden aus dem höheren Herzzentrum der Schöpfung geboren ohne die Schwäche, die wir zeigen, wenn sich unser Verstand einschaltet, der uns verwirren kann und dies auch oft genug tut, der kleine Spielchen mit uns spielt, wenn unsere Gefühle beteiligt sind. Diese herrlichen Geschöpfe, die seit Ewigkeiten existieren und dem Schöpfer bei der Erschaffung neuer Welten, Systeme und Zivilisationen zur Seite gestanden haben, kennen uns besser als wir uns selbst und können uns leicht bei unseren Träumen helfen. Wenn es auch wichtig zu wissen ist, dass Engel uns helfen und leiten können, so können und werden sie jedoch nicht unser Leben für uns leben, der Schöpfer gibt uns dieses Geschenk ganz persönlich. Deshalb können wir Engel als die höhere Form der Elternschaft ansehen, die immer da ist – gebend und vergebend.

Mit dieser speziellen Übung werden wir eine ganz besondere Gruppe von Engeln anrufen, sie werden die Erzengel der Elemente genannt und sind mit den Menschen im Allgemeinen besser vertraut als andere. Dies bedeutet jedoch nicht, dass sie ein höheres Bewusstsein besitzen als andere Engel. Alle Engel sind aus demselben Kollektiv geboren; was also ein einziger Engel denkt oder fühlt, tun die übrigen ebenfalls, sie sind ein riesiges, lebendes Bewusstsein. Um uns aber zu helfen, nehmen sie bestimmte Wesenszüge an, die uns vertraut sind – damit können sie uns in der jeweiligen Situation noch wirkungsvoller beistehen.

1. Schreibe die Einfälle, bei denen du Hilfe von der geistigen Welt möchtest, auf ein Blatt Papier.
2. Falte das Blatt in der Mitte und schreibe in die vier Ecken und die Mitte die Anfangsbuchstaben oder die Namen der Erzengel: Uriel, Raphael, Michael, Gabriel und Azrael.
3. Gehe nach draußen, schließe die Augen, rufe die Erzengel der Elemente an und bitte sie um Hilfe bei dem Vorhaben.
4. Verbrenne nun das Papier, es wird in ätherischer Form in die Akasha-Chronik eingehen, wo es die Erzengel lesen werden und dann mit ihrer Arbeit beginnen können.

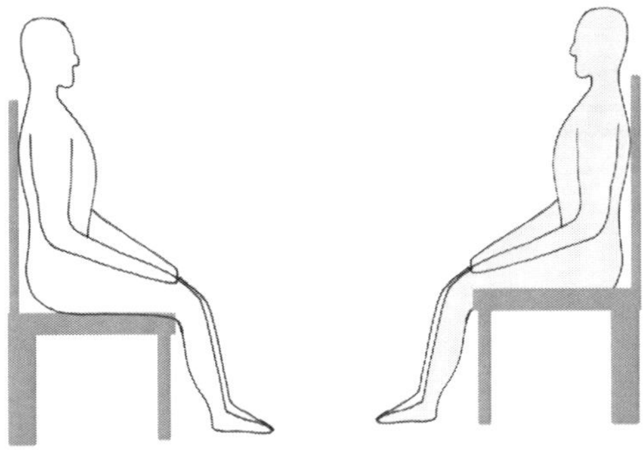

52 *Frühere Leben*

Hier ist eine spannende Übung zur Schärfung deiner intuitiven Fähigkeiten, die du gemeinsam mit deinen Freunden und Familienmitgliedern praktizieren kannst. Ihr schaut euch längere Zeit gegenseitig in die Augen, ohne euch jedoch streng anzustarren, sondern haltet die Augen in einem entspannten, meditativen oder selbsthypnotischen Zustand. Die so aufgebaute Konzentration wird eine Art peripheres Sehen um das Gesicht herum erzeugen und damit ermöglichen, dass sich im Gesicht des Partners unterschiedliche Gesichtszüge spiegeln, von denen es heißt, sie stammten aus früheren Leben.

In der traditionellen spirituellen Praxis wurde diese Übungsform häufig angewendet, um Schüler über den Weg eines spirituellen Reisenden und dessen zahlreiche Leben zu unterrichten. Den Schülern wurde buchstäblich aus erster Hand die physische Erfahrung unzähliger Gesichter erlaubt. Sobald die Schüler diese Methode erfolgreich erlernt hatten, sollten sie bedeutsame Informationen aus den verschiedenen Leben zurückbringen, um aus diesen Erfahrungen zu lernen. Das ist eine ganz hervorragende Methode von magischem Ausmaß, und ich freue mich, sie euch hier zum Ausprobieren vorzustellen.

1. Sitzt euch jeweils auf einem Stuhl gegenüber, etwa in ein bis drei Metern Entfernung.
2. Der Raum sollte mit 30 bis 40 Watt ausgeleuchtet sein, um beste Ergebnisse zu erzielen. Zu viel Helligkeit sorgt für ermüdete oder überanstrengte Augen.
3. Fangt damit an, einen Punkt zu fokussieren, entweder die Augen des anderen Partners oder einen Punkt etwas tiefer. Achtet gleichzeitig darauf, das gesamte Gesicht zu sehen ohne die Augen bewegen zu müssen.
4. Nach ein paar Minuten solltet ihr sehen können, wie sich die Gesichtszüge der anderen Person verändern, beispielsweise längere Haare, ein Bart, eine Brille etc.
5. Es ist wichtig, dass du dich entspannst und dir diese Übung Freude macht, denn das dehnt dein Bewusstsein aus und macht es einfacher, bestimmte Bilder aufzufangen.
6. Falls du ein medizinisches Problem mit deinen Augen hast, solltest du diese Übung bitte nicht probieren, weil sie deine Augen noch weiter reizen könnte.

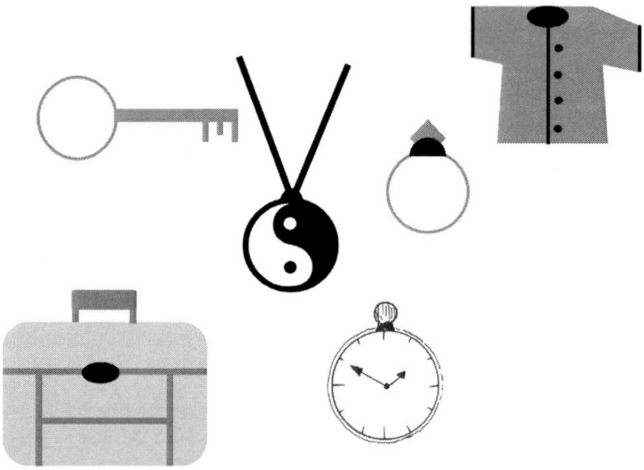

53 Psychometrie

Psychometrie ist die Kunst, Informationen von einem Gegenstand durch seine energetischen Schwingungen zu empfangen, sobald man diesen in seinen Händen hält. Während der gesamten Lebensdauer eines Objektes nimmt es Informationen von allem auf, was ihm begegnet oder was es berührt, und zeichnet diese auf – wie ein Kassettenrekorder. Vergleichbar einer Aufnahme, die man wieder und wieder abspielen kann, können Informationen über Emotionen und Erinnerungen beliebig oft von dem Gegenstand abgerufen werden. Alle Objekte sind von einer energetischen Lebenskraft umgeben, die die Geschichte von Orten und Besitzern des Gegenstandes in sich trägt. Diese Daten können von Menschen, die die Psychometrie beherrschen, aufgrund ihrer übersinnlichen Talente gelesen werden.

Wenn du diese Übung erstmals mit Freunden ausprobierst, könnte eine Flut nicht zueinander passender Bilder auftauchen, während du mit geschlossenen Augen einen ihrer Gegenstände hältst und dich auf die Schwingungen einstimmst. Das ist am Anfang völlig normal, nach einiger Zeit wirst du langsam klarere Bilder empfangen und die magischen Geheimnisse mit Spaß und Freude enträtseln.

1. Bitte ein paar Freunde, einige kleinere Gegenstände wie Ringe, Armbanduhren und Halsketten mitzubringen, deren Geschichte sie nur selbst kennen.
2. Halte das Objekt in deinen Händen und entspanne dich. Erlaube deiner Intuition, sich zu entfalten, und frage dich: Ist es warm oder kalt? Glücklich oder traurig? In- oder extrovertiert? Hell oder dunkel? Falls es eine Farbe hätte, welche wäre das? Ist ein Tier damit verbunden? Was ist sein Lieblingsgericht oder sein Hobby? Ist er übersinnlich begabt? Die Möglichkeiten sind zahllos – entscheidend ist, keine Angst zu haben, etwas falsch zu machen, sondern einfach mit Spaß bei der Sache zu sein.
3. Wenn ihr alle damit fertig seid, euch gegenseitig die Interpretationen erzählt zu haben, dann frage nach, wie nah du dran warst. Erinnere dich daran, dass jeder Mensch übersinnliche Talente besitzt. Wahrscheinlich wirst du überrascht sein, wie gut du warst. Viel Glück und Spaß dabei!

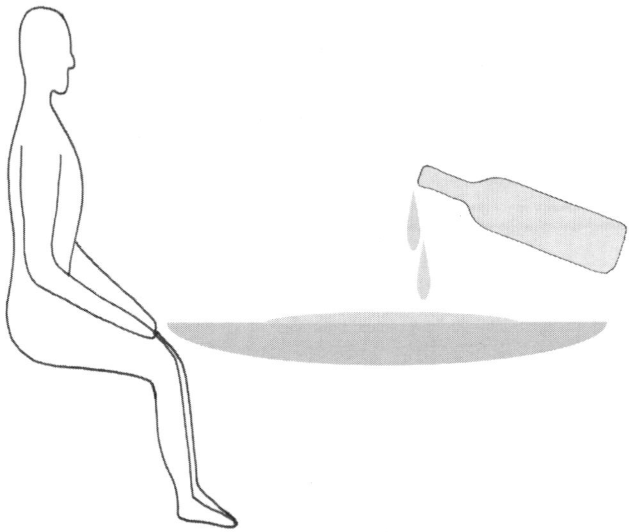

54

Im Wein liegt die Wahrheit

Das „spirituelle Sehen oder Lesen" (engl. scrying) ist eine althergebrachte Weise übersinnlicher Wahrnehmung, bei der man entweder seine Aufmerksamkeit sanft auf eine Kristallkugel fokussiert oder auf die Oberfläche einer dunklen Flüssigkeit. Diese Methoden dienen als Medium, um Informationen und Bilder aus der Vergangenheit, Gegenwart oder Zukunft herauszulösen. Obwohl es sehr viele, recht unterschiedliche Arten des spirituellen Sehens gibt, finde ich persönlich das „Lesen im Rotwein" sehr interessant und ergiebig, weil es eine einzigartige Atmosphäre längst vergangener Zeiten schafft, die die richtige Stimmung aufkommen lässt.

Um wirklich optimale Voraussetzungen zu haben, kann man das Licht des Vollmondes nutzen, welches sich auf der Oberfläche des Rotweins spiegelt. Obwohl man dieses Ritual in jeder Nacht durchführen kann, liefern Vollmondnächte immer die besseren Ergebnisse. Nimm einen Schreibblock und einen Stift mit, um alles aufzuschreiben, was du an Visionen oder Erlebnissen haben könntest. Wenn du anfängst, wirst du wohl zunächst Bilder sehen, die einem Stillleben gleichen; wenn du jedoch mehr Erfahrung bekommst, werden die Eindrücke zu bewegten Bildern, die dich auf eine faszinierende Reise mitnehmen.

Sei dir darüber im Klaren, dass diese Art der Übung dir deine übersinnlichen Fähigkeiten eröffnen sowie deine Neugier anregen wird, noch mehr zu erfahren. Nimm dir Zeit, habe Spaß daran und entspanne dich – schau, wohin dich der Weg führt.

1. Versuche eine alte Platte, Schale oder Schüssel als Behältnis für den Wein zu bekommen – je älter, je besser. Ein guter Ort, um so etwas zu finden, sind gewöhnlich Antik- oder Flohmärkte.
2. Kaufe eine Flasche Rotwein – man kann jeden nehmen, auch hier gilt: je älter, je besser.
3. Diese Übung kann zwar jederzeit durchgeführt werden, um aber optimale Ergebnisse zu erzielen, fange man eine halbe Stunde vor Mitternacht an und ende um Viertel nach zwölf (45 Minuten für Anfänger). Abhängig vom Wetter ziehen es einige vor, die Übung draußen im Schein des Vollmondes zu machen oder an einem Fenster, das das Licht herein scheinen lässt.
4. Nun musst du den Wein mit deiner Energie stimulieren, um ihn noch zu verstärken. Fülle einfach den Wein in die Schale und halte deine Hand darüber, stelle dir bildlich vor, wie Energie aus dem Chakra in deiner Handfläche kommt und den Wein auflädt. Mache damit weiter, bis du ein prickelndes oder schiebendes Gefühl in deinem Handchakra spürst, das dir anzeigt, der Wein hat genug Energie von dieser Hand aufgenommen. Nun wiederhole die Prozedur mit der anderen Hand. Wenn du damit fertig bist, sind die positive und negative Seite deiner Polarität in den Wein

übergegangen. (Falls du das Ritual mit mehreren Personen durchführst, müsst ihr alle gleichzeitig eure jeweilige Hand ausstrecken, um die Energie in den Wein zu senden.)

5. Der Schlüssel zum Erfolg ist, völlig entspannt zu sein, wenn du über die flüssige Oberfläche des Weines blickst. Aus diesem Grund ist es nicht unüblich vor Beginn des Rituals, entweder eine Atemübung oder kurze Meditation zu machen oder ein Glas von dem Rotwein zu genießen.
6. Wenn du entspannt bist, führe die Übung durch, blicke über die Flüssigkeit wie du in eine Kristallkugel sehen würdest.

Schlüsselsatz: Versuche dir vorzustellen, dein Verstand sei wie Löschpapier – es erlaube den Erscheinungen, darauf abgebildet zu werden.

55 *Unter dem Deckmantel der Unsichtbarkeit*

Bei diesem hervorragenden Verfahren geht es darum, sich selbst mit einem Schutzmantel aus schwarzem Licht zu umgeben, der buchstäblich das gesamte eigene Energiefeld umschließt und so eine magische, unsichtbare Stille in einem selbst und um sich herum erzeugt.

Es gibt Momente in unserem Leben, in denen wir zu besonderen Anlässen und sozialen Veranstaltungen eingeladen worden sind und eigentlich denken: „Heute ist für mich kein guter Tag, ich sollte nicht hier sein". Anderenfalls würden wir jede Gelegenheit wahrnehmen, zu singen, zu tanzen, zu trinken und uns zu freuen. Um jenen Menschen zu helfen, die in solche Situationen geraten, habe ich diese Technik entwickelt. Der Deckmantel der Unsichtbarkeit gestattet dir, bei einer Veranstaltung anwesend zu sein, ohne unerwünschte Aufmerksamkeit auf dich zu ziehen.

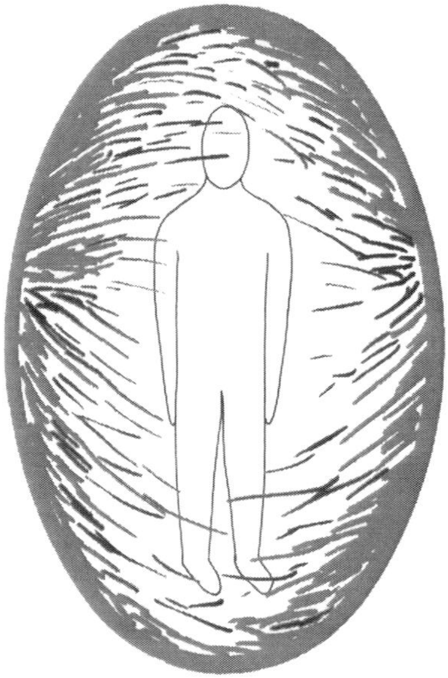

Ein kleiner Hinweis: Informiere den Gastgeber, dass du da bist, sonst werden viele fragen, warum du bei der Veranstaltung nicht anwesend warst.

1. Diese Technik benötigt ein wenig Übung, bis sie so erfolgreich ist, wie du sie gerne hättest – habe bitte Geduld.
2. Stelle dir bildlich vor, dass du in einem Kokon aus schwarzem Licht stehst. Je erfahrener du wirst, umso realer wird dein Gefühl werden; so real, dass es möglich wird, den Mantel körperlich zu berühren.
3. Du kannst diese Übung machen, bevor oder während du mit den Partygästen zusammentriffst.
4. Wenn du diese Übung erstmals während einer Veranstaltung ausprobierst, musst du sie vielleicht einige Male wiederholen, um ein gutes Resultat zu erhalten.

Anhang

Nachtrag zu Wasseradern

Antworten

Glossar

Wasseradern mit der Wünschelrute suchen

A

Abbildung A
In früheren Zeiten benutzten die Menschen einen einfachen Ast eines Baumes als Wünschelrute; der Ast sollte flexibel und wie der Buchstabe „Y“ geformt sein. Die meisten Menschen glaubten, dass er wegen seiner Abstammung von Natur aus eine verstärkte und wundersame Energie besäße, um unterirdische Quellen zu finden.

Abbildung B
In neueren Zeiten benutzen viele einfach einen alten Kleiderbügel oder starkes, aber biegsames Metall, um sich selbst ein Wünschelruten-Werkzeug zu bauen.

1. Schneide, biege und forme das Metall, dass es so aussieht wie der Buchstabe „L“.
2. Dann suche eine passende Hülle, in welche du das kurze Ende des Metalls steckst – vorzugsweise eine Garnrolle oder -spule, das Metall muss frei schwingen können.
3. Halte die Wünschelrute einfach locker in beiden Händen und stelle dir mit deiner Absicht die Quelle, nach der du suchst, vor – in diesem Fall: Wasseradern.

4. Gehe über das Gelände, wo du eine Wasserader vermutest. Wenn du auf die Wasserader triffst, wird sich die Rute bewegen; gehst du in der Nähe der Ader vor- und rückwärts, so kannst du außerdem den Fluss/die Richtung bestimmen.

B

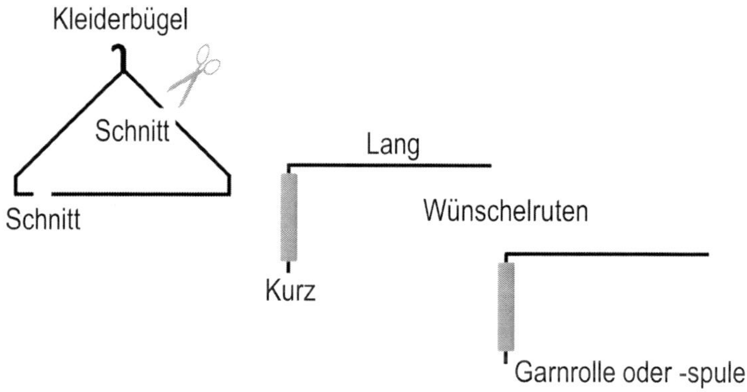

Wünschelrutengehen wird für viele verschiedene Zwecke benutzt – das Spektrum reicht von Wasseradern, Energielinien, heilige Stätten und Erz suchen, bis hin zum Auffinden verborgener Schätze, verlorener Kunstgegenstände und Erdöl. Du musst nur dein Werkzeug mit der Absicht dessen, wonach du suchst, programmieren.

Falls du dich für Möglichkeit A entscheidest, denke bitte zunächst daran, um die Erlaubnis des Baumgeistes/der Deva zu fragen, sonst wirst du unnötiges Leiden verursachen. Falls der Geist des Baumes zustimmt, wirst du unmittelbar ein glückliches Gefühl spüren, falls nicht, wirst du nichts spüren – und das bedeutet ein klares „Nein".

Antworten zu den Fragen aus dem Vorwort

1. Hast du schon einmal ganz versunken an einen guten Freund gedacht, den du lange nicht gesehen oder gesprochen hast, und plötzlich klingelt das Telefon oder die Türglocke und zu deiner Überraschung ist es der besagte Freund?

Dies geschieht durch eine unbewusste, direkte Kommunikation von Verstand zu Verstand (Gedankenübertragung) – auch als eine Form von Telepathie bekannt. Die Übermittlung der Information geschieht durch den Mentalkörper des jeweiligen Aurafeldes der beiden Personen. Es gibt keine Begrenzungen oder Einschränkungen für den Gebrauch, der Mentalkörper begibt sich genau dort hin, wohin die Vorstellungen oder Gedanken gerichtet worden sind. Fachleute beginnen, die Macht der gerichteten Gedanken – nachgewiesen durch die Wunder der Gebete und Fernheilungen – zu erkennen. In diesem speziellen Fall denkt dein Freund an dich, und die liebevollen Gedanken und Gefühle, mit dir sprechen, dich sehen oder treffen zu wollen, senden ein Signal von seinem zu deinem Energiefeld.

2. Hast du jemals eine unmittelbare Abneigung gegen eine Person empfunden, die dir gerade erst vorgestellt wurde? Und du konntest dir nicht erklären warum?

Dieser Vorfall war immer mit einem Makel behaftet, der Fremde sei ein Mensch mit schlechten Absichten, ihm sei nicht zu trauen. In einigen Fällen würde ich dem vollkommen zustimmen. Eine genauere Betrachtung dieses Verhaltens liefert jedoch eine plausiblere Erklärung, die weniger unheilvoll ist. Wir leben in einer Hülle aus schillerndem Licht, bekannt als die Aura, die ständig Informationen in einer unvorstellbaren Geschwindigkeit überträgt und empfängt. Die Aura kann unmittelbar Stärken, Schwächen und Krankheiten unseres Gegenübers ausmachen, die uns in positiver oder negativer Weise beeinflussen könnten. Deshalb könnte die oben erwähnte, spontane Abneigung darauf beruhen, dass entweder die Energie des anderen zu machtvoll für deine ist oder umgekehrt. Die Aura berechnet nur, welche Auswirkungen eure Energien aufeinander haben werden und ob diese Erfahrung dir auf einer geistigen, gefühlsmäßigen, körperlichen oder spirituellen Ebene hilfreich ist.

3. Hast du schon mal eine Farbe um einen Menschen herum wahrgenommen, eine Art Hitzestrahlung, durchsichtige oder weißgräuliche Energie? Hast du aus den Augenwinkeln Lichtblitze oder kleine, farbige Lichtkugeln gesehen, die sich bewegen oder schweben?

Herzlichen Glückwunsch, wenn du eines dieser Phänomene beobachtet hast. Das erste – die Farbe um einen Menschen herum – ist die Aura, die aus vielen feinstofflichen Schichten gebildet wird, die als unterschiedliche Farben erscheinen, abhängig von dem mentalen, emotionalen, physischen und spirituellen Zustand des Menschen. Das zweite Phänomen – Hitze, durchsichtige oder gräuliche Energie – ist typisch für die erste Schicht der Aura, bekannt als Ätherkörper. Er ist physischer als die anderen Schichten und kann deshalb am einfachsten gesehen werden. Das dritte – die Lichtblitze – sind die Schwingungen von anderen, vorbeiziehenden Lebensformen, die wir auffangen, wenn wir in einer besinnlichen Stimmung sind. Diese Stimmung hebt unser Energiefeld automatisch in einen anderen Bewusstseinszustand an, und falls gerade andere Lebensformen mit dieser Wellenlänge vorbeikommen, werden sie häufig als Lichtblitze wahrgenommen. Genau so wie man unterschiedliche Frequenzen mit einem Radio empfangen kann, wenn man den Suchlauf betätigt, so kann man auch – bewusst oder unbewusst – bestimmte spirituelle Frequenzen auffangen, indem man seine Schwingung anhebt und das Bewusstsein ausdehnt. Das vierte Phänomen – die farbigen Lichtkugeln – sind das, was wir geistige Wesen nennen, weiße oder rosafarbene gehören zu Engeln, andere farbige Lichter sind spirituelle Führer und geliebte Verstorbene.

4. Hattest du jemals einen imaginären Freund oder sprichst du weiterhin mit einem geliebten Menschen, obwohl dieser mittlerweile verstorben ist?

Imaginäre Freunde wurden bisher meistens als eine Form von Persönlichkeitsstörung angesehen. Menschen aus dem spirituellen Bereich verstehen diese imaginären Freunde – solange sie positiver Natur sind – als spirituelle Führer und Engel. Ferner sprechen Millionen Menschen weltweit tagtäglich mit geliebten Verstorbenen, so wie man zu seinem Schöpfer sprechen oder beten würde.

5. Hattest du jemals spät nachts auf dem Heimweg das Gefühl, besser einen anderen Weg zu wählen?

Dieses nennen viele Menschen eine (negative) Vorahnung, und das liegt jenseits unserer normalen Wahrnehmung; es wurde durch die persönlichen spirituellen Führer, Schutzengel oder die Aura ausgelöst. Es bedeutet, dass eine mögliche Gefahr erkannt wurde, die schädliche Auswirkungen haben und so dein vorbestimmtes Schicksal verändern könnte. Deshalb versuche diesen Gefühlen zu folgen, wenn du sie wahrnimmst – und sei dankbar dafür.

6. Bist du schon mal mit einem Freund eine Straße entlang gegangen, und ihr habt beide im selben Augenblick angefangen, eine bestimmte Melodie zu singen oder zu pfeifen?

Das passiert nur zu bestimmten Zeiten in einer Freundschaft, wenn beide Energiefelder sich ausdehnen und zu verschmelzen beginnen. Dieser

Vorgang übt eine heilsame Wirkung auf die beiden beteiligten Körper aus. Um diesen Zustand, der unbewusst abläuft, aufrecht zu erhalten, wählen beide Energiefelder eine übereinstimmende Melodie, die eine freudige Reaktion auslöst.

7. Hast du jemals den angefangenen Satz eines anderen für diesen beendet?

Wie schon zuvor angemerkt, ist Telepathie die Hauptursache für dieses Phänomen. Obwohl die Menschheit über die Jahrhunderte die Fähigkeit, diese Kunst zu beherrschen, verloren hat, kann sie von Zeit zu Zeit plötzlich aktiviert werden, wenn wir in einem anderen Bewusstseinszustand sind, der uns instinktiv wissen lässt, was als nächstes gesagt oder getan werden soll.

8. Hattest du schon einmal das Gefühl, irgendetwas sei nicht in Ordnung mit deinen Kindern, deinen Verwandten oder Freunden, um dann später zu erfahren, dass dieses wirklich so war?

Es gibt immer eine enge gefühlsmäßige Verbindung zu Verwandten, Freunden und besonders zu Kindern – hier ist sie auf einem energetischen Niveau stark ausgeprägt. Wie schon gesagt, empfängt und sendet die Aura ständig Informationen. Wenn sie gedankliche oder gefühlsmäßige Daten an geliebte Menschen aussendet, antwortet deren Aura. Wenn diese Signale nicht beantwortet werden, sendet deine Aura ein Signal an dein physisches Bewusstsein. Dieses wiederum erzeugt Argwohn, Angst oder Panik, was dich zum Handeln antreibt.

9. Hast du jemals vorhergesagt, wer dich gleich anrufen wird, oder wer am anderen Ende ist, wenn es gerade läutet?

Der erste Teil der Frage kann mit Telepathie in Verbindung gebracht werden, gehört aber eher zu Vorhersehung, also: zukünftige Ereignisse wahrnehmen, bevor sie eintreten. Im zweiten Teil der Frage ist es wieder eine Form von Telepathie, bei der deine Aura eine Information an dein Bewusstsein übermittelt, die sie zuvor von dem Anrufer erhalten hat.

Glossar – Erläuterung von Fachbegriffen

Affirmation: Aussage, die durch andauernde Wiederholung zur Tatsache wird; in diesem Fall: der Glaube, dass Positives geschehen und erfolgreich sein wird, während negative Affirmationen zu unerfreulichem Handeln und unerwünschter Energie führen.

Aura: eine gewachsene Lebenskraft, eine leuchtende Lufthülle und ein elektromagnetisches Energiefeld, welches alles durchdringt und umgibt, was existiert – lebendige Organismen oder unbelebte Objekte. Die Aura besteht aus vielen verschiedenen feinstofflichen Hüllen/Schichten/Körpern und Chakren, die uns ermöglichen, Astralreisen zu unternehmen, mit der geistigen Welt und geliebten Verstorbenen zu sprechen, mit übersinnlichen Fähigkeiten zu heilen und – am wichtigsten – die Aura enthält das Gefährt, mit dem wir heimkehren können, wenn wir sterben.

Deva: lebendiger Naturgeist oder Lebensform, die Wachstum fördert; jede Pflanze, jedes Mineral und jeder Kristall hat eine eigene Deva.

Hellfühligkeit: Fähigkeit, Informationen jenseits des normalen Wahrnehmungsvermögens zu empfangen; auch: „klares oder inneres Wissen".

Hellhörigkeit: Begabung, Informationen zu hören oder zu empfangen, die dem Gehör nicht zugänglich sind; beispielsweise von Verstorbenen im Allgemeinen, von persönlich gekannten Verstorbenen oder von spirituellen Führern und Schutzengeln.

Hellsichtigkeit: Gabe, Informationen vor dem inneren Auge zu sehen und zu empfangen, die mit den physischen Augen oder anderen verfügbaren Kanälen nicht wahrgenommen werden können; dabei kann es sich um zukünftige Ereignisse, Verstorbene oder Dinge handeln, die außerhalb der normalen Wahrnehmung liegen.

Kristalle programmieren: Einprägen von Informationen in einen Kristall, um eine bestimmte Aufgabe zu erleichtern. Halte den Kristall dazu einfach in deiner Hand und stelle dir bildlich vor, wozu du die Hilfe benötigst. Stelle unbedingt sicher, dass sich der Kristall in deiner Hand gut anfühlt, wenn du ihn erwirbst; dieses Gefühl kommt von der Deva in dem Kristall, die dir zeigt, dass sie mit dir einverstanden ist.

Kristalle reinigen: die einfachste und effektivste Art einen Kristall zu reinigen ist, ihn einige Minuten unter fließendes Wasser zu halten; man kann auch ein Symbol über ihn zeichnen oder ihn für einige Tage in die Erde eingraben – die Möglichkeiten sind endlos.

Psychokinese: Fähigkeit, Dinge mit der Macht des Verstandes zu bewegen; auch als Telekinese bekannt.

Psychometrie: übersinnliche Fähigkeit, einen Gegenstand in den Händen zu halten und sich durch seine energetischen Schwingungen auf dessen gesamte Geschichte und die seines Besitzers einzustimmen.

Telepathie: Kunst oder Studium der direkten Kommunikation und des Austausches von Gedanken, Gefühlen und Empfindungen von Verstand zu Verstand, ohne Unterstützung durch normale Sprache, Schrift, Gestik oder sonst übliche Mittel.

Vorhersehung/Vorahnung: Begabung, zukünftige Ereignisse durch Träume oder Empfindungen vorherzusagen; ist das vorausgesagte Ereignis negativer Art, so nennt man es auch (negative) Vorahnung.

Wünschelrutengehen: Methode, die seit Jahrtausenden in Ländern wie China, Ägypten und Peru praktiziert wird, wie aus alten Höhlenmalereien zu ersehen ist, auf denen Menschen mit gabelförmigen Stöcken abgebildet sind. Der Erfolg ist von der Fähigkeit des Rutengängers abhängig, in seinem Bewusstsein klar zu formulieren, wonach er Ausschau hält; in diesem Fall dem Energiefeld einer Wasserader. Gehe über das Gelände, wo du eine Wasserader vermutest, halte dabei einen gabelförmigen oder gespaltenen Stock in den Händen. Wenn du auf die Wasserader triffst, wird sich die Rute bewegen; gehst du in der Nähe der Ader vor- und rückwärts, so kannst du außerdem den Fluss/die Richtung bestimmen.

TriSentient Healing Academy

Die „TriSentient Healing Academy“ bietet eine umfassende Ausbildung in unterschiedlichen Energieformen – als Grundlage des geistigen Heilens – sowie ein ausgiebiges Studium der geistigen Welt mit der Hierarchie der Engel und Meister. Die Ausbildung ist für alle Interessierten geeignet, egal, ob sie ihr Wissen für sich selbst, beruflich oder im Freundes- und Familienkreis einsetzen möchten.

Die Ausbildung befähigt die Teilnehmer, Heilung auf allen Erfahrungsebenen des menschlichen Daseins anzubieten: mental, emotional, körperlich, spirituell und energetisch. Sie umfasst außerdem einen Prozess der Selbsterfahrung und -erkenntnis, damit die Studenten ihrer persönlichen Lebensvision und ihrem eigentlichen Wesen näher kommen und so ihre Heilfähigkeiten verstärken können. Die „TriSentient Healing Academy“ vermittelt den Auszubildenden eine solide Basis für ihre zukünftige Heilertätigkeit, ein tief gehendes Wissen über das Prinzip und die Wirkungsweise des geistigen Heilens – vergangener Epochen und der Gegenwart.

Informationen unter:
www.TriSentientHealing.com

TriSentient Channelling Academy

Channeling ist die höchste Stufe, die Menschen in ihrer spirituellen Arbeit und auf dem Weg ihrer geistigen und seelischen Entwicklung erlangen können. Neben persönlichen Botschaften und Informationen werden durch ein „Channel“ sowohl uraltes Wissen und verlorene Weisheiten wie auch Energien auf die Erde zurück gebracht.

Die spannende Reise der Ausbildung in der „TriSentient Channelling Academy“ führt nicht nur in innere Welten sondern auch an unterschiedliche Orte der Geistigen Welt. Gegenstand des Studiums sind die großen Zusammenhänge der Geistigen Welt und des universalen Schöpfungsprinzips; die Intuition der Auszubildenden wird ebenso gestärkt und gefördert wie die Sensibilität für die eigenen spirituellen Fähigkeiten. Verschiedene Rating-Methoden, wie das Tarot-Reading, Psychometrie und andere – in Deutschland noch relativ unbekannte Methoden – stehen ebenfalls auf dem Lehrplan.

Informationen unter:
www.TriSentientChannelling.com